Fotografía digital y empresa

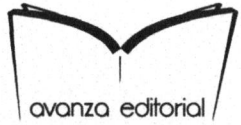

avanza editorial

Editado por:
EDITORIAL FAE, S.L.U.
Correo electrónico: editorial@editorialfae.com

Fotografía digital y empresa
Beatriz Coronado García

1ª Edición

Se ha puesto el máximo empeño en ofrecer a la persona lectora una información completa y precisa. Sin embargo, Editorial FAE, S.L.U., no asume ninguna responsabilidad derivada de su uso ni tampoco de cualquier violación de patentes ni otros derechos de terceras partes que pudieran ocurrir. Esta publicación tiene por objeto proporcionar unos conocimientos precisos y acreditados sobre el tema tratado. Su venta no supone para el editor ninguna forma de asistencia legal, administrativa o de ningún otro tipo.

ISBN: 978-84-1135-373-1

Impreso en España

Índice

Módulo. 1. Fotografía digital y empresa

Aplicaciones prácticas

Ejercicio de evaluación final

Solucionario

Bibliografía

Módulo 1. Fotografía digital y empresa

Introducción

La fotografía digital es fundamental para las empresas en la actualidad, ya que vivimos en un mundo visualmente saturado donde captar rápidamente la atención del cliente es clave. Las imágenes no solo transmiten información inmediata, sino que también reflejan los valores, personalidad e identidad de una marca, diferenciándola claramente de sus competidores. Por lo tanto, dominar la fotografía digital y su correcta gestión se ha convertido en una herramienta esencial para comunicar eficazmente cualquier mensaje empresarial.

Además, la fotografía digital permite potenciar campañas de marketing, mejorar la percepción del público y crear contenidos visuales más atractivos. Desde grandes compañías hasta pequeñas empresas, saber elegir y editar adecuadamente las fotografías puede marcar la diferencia en la percepción positiva que el público tiene de una marca, aumentando su reconocimiento, prestigio y atractivo comercial.

Objetivos

- Saber editar y elegir las mejores fotografías rápida y cómodamente para, de este modo, transmitir con ellas las ideas y contenidos que cada comercio desee.
- Aprender técnicas básicas de iluminación y composición fotográfica para obtener imágenes comerciales de alta calidad, coherentes con la identidad visual de cada negocio.

1. Aproximación a la fotografía digital en el ámbito de la empresa

La fotografía digital juega un papel fundamental en el ámbito empresarial actual. Vivimos en un entorno saturado de estímulos visuales donde las imágenes adquieren un valor esencial para captar la atención del cliente. Una fotografía adecuada es capaz de reflejar los valores y características de una marca de manera rápida y efectiva.

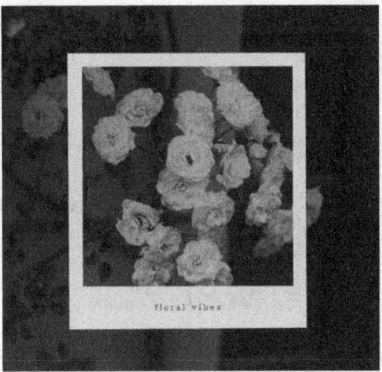

Fig. 1. Una buena fotografía digital puede ser el factor decisivo para diferenciarse de la competencia

Las imágenes son uno de los primeros elementos que un cliente percibe de una empresa. Una fotografía cuidada, atractiva y coherente con la identidad de la marca genera confianza y facilita una percepción positiva. En cambio, imágenes poco profesionales o desalineadas con el mensaje que se desea transmitir pueden generar rechazo o desconfianza. Por lo tanto, gestionar correctamente las imágenes digitales es esencial para consolidar una imagen de marca sólida y atractiva.

Dentro del marketing y la comunicación visual, la fotografía digital actúa como un potente medio para transmitir mensajes claros y persuasivos. Imágenes bien seleccionadas apoyan campañas publicitarias, aumentan el impacto en redes sociales y fortalecen la narrativa visual de la empresa. Las fotografías son capaces de contar historias, conectar emocionalmente con los clientes y aumentar la eficacia de la comunicación empresarial.

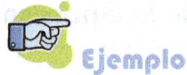

Grandes empresas como IKEA, Apple o Zara destacan precisamente por una gestión efectiva y coherente de sus imágenes. Estas empresas ejemplifican cómo una gestión adecuada de la fotografía digital puede reforzar significativamente la identidad de marca.

IKEA transmite cercanía y funcionalidad con imágenes que muestran hogares reales y acogedores:

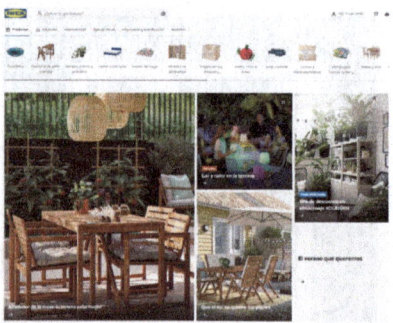

Apple proyecta sofisticación e innovación mediante fotografías limpias, minimalistas y cuidadosamente iluminadas:

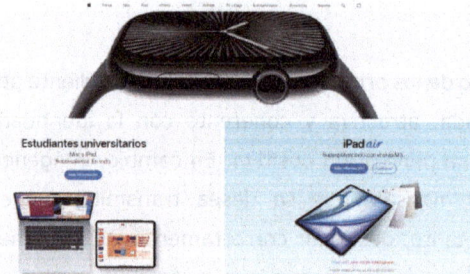

Zara conecta con el público joven a través de imágenes urbanas, modernas y en sintonía con la moda actual:

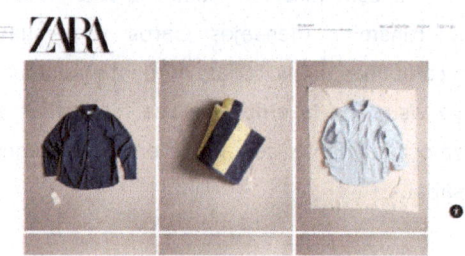

A nivel empresarial, los principios básicos de la fotografía digital a considerar incluyen composición, iluminación y encuadre. Una composición equilibrada facilita la comprensión rápida del mensaje. Una buena iluminación resalta la calidad de productos o ambientes y ayuda a captar atención inmediata. El encuadre adecuado centra la atención del cliente en los elementos clave que se desean destacar.

En contextos comerciales, la composición debe ser sencilla y directa, guiando el ojo hacia el producto o mensaje principal. La iluminación debe ser clara, natural y favorecer una correcta visualización de colores y texturas. El encuadre adecuado implica eliminar elementos distractores y asegurar que todos los componentes visuales contribuyan al objetivo comunicativo de la imagen.

Existen diferentes tipos de fotografía ampliamente utilizados en el ámbito empresarial:

- **Fotografía de producto**: Destaca características y detalles específicos de los productos.
- **Fotografía corporativa**: Transmite la identidad interna y profesionalidad de la empresa.
- **Fotografía publicitaria**: Tiene como objetivo vender y generar interés directo en el consumidor.
- **Fotografía de eventos**: Documenta momentos importantes, mostrando una imagen dinámica y activa de la empresa.

Adaptar el estilo fotográfico implica alinear cada imagen con la personalidad y valores propios de la empresa. Por ejemplo, una empresa tecnológica optará por imágenes modernas y limpias, mientras que una empresa de productos ecológicos podría preferir fotografías naturales, cálidas y con un estilo visual más orgánico.

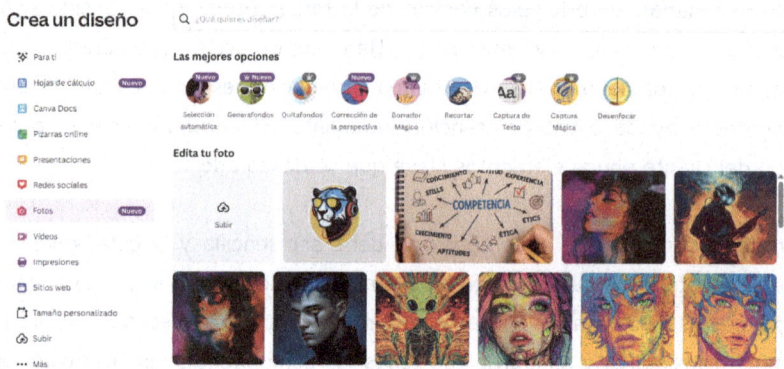

Fig. 2. La pantalla de inicio de Canva muestra una amplia variedad de herramientas inteligentes, como el Generafondos o el Borrador Mágico, que permiten editar fotos de forma intuitiva y creativa, adaptándolas rápidamente a diferentes necesidades visuales

La edición eficiente implica mejorar las imágenes de manera rápida sin perder calidad visual. Para ello existen diferentes herramientas y técnicas prácticas.

Programas como Adobe Lightroom y Photoshop dominan en el sector por su versatilidad y potencia. Además, las apps móviles como VSCO, Snapseed o Canva facilitan ediciones rápidas directamente desde dispositivos móviles.

A continuación, se desarrolla un ejemplo completo adaptado para una academia de ciberseguridad, orientada a captar la atención en TikTok e Instagram mediante una campaña visual de tres imágenes en formato vertical (*stories* y *reels*). El objetivo es diseñar piezas que comuniquen profesionalidad, modernidad y atractivo digital, utilizando Canva como herramienta principal.

Se definen la identidad visual, las tipografías, los elementos gráficos y los textos adecuados para una audiencia joven interesada en tecnología y formación online. El diseño mantiene coherencia estética mediante filtros y recursos gráficos específicos, y se estructura en torno a tres imágenes que combinan intriga, beneficios formativos y llamada a la acción inmediata.

CyberNova Academy:

- **Enfoque**: formación online en ciberseguridad para todos los niveles: desde usuarios que quieren protegerse hasta profesionales que buscan especializarse (hacking ético, protección de datos, análisis forense...).
- **Objetivo de campaña**: atraer a jóvenes adultos de 18 a 35 años interesados en tecnología, videojuegos, informática o protección digital, que quieran formarse y certificarse en ciberseguridad.

A continuación, se explica cómo diseñar en Canva (formato vertical):

1. Selecciona plantilla de "Historia de Instagram" o "*Reel*" (1080x1920 px).

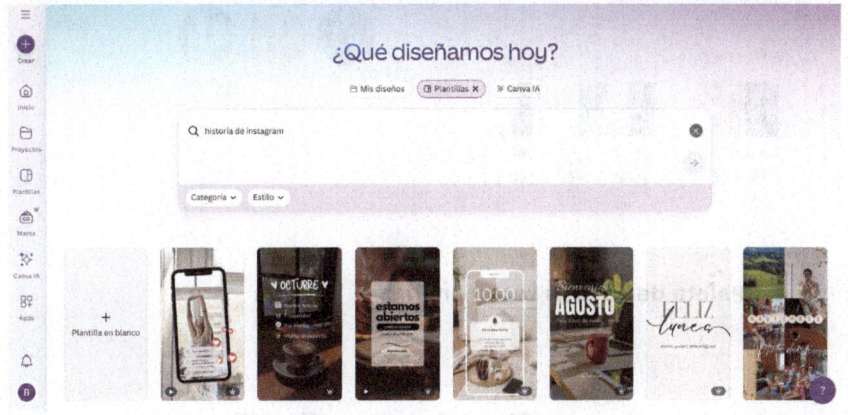

2. Define una estética ciberpunk/tecnológica, Para ellos, selecciona una plantilla nueva y ve a la opción de editar:

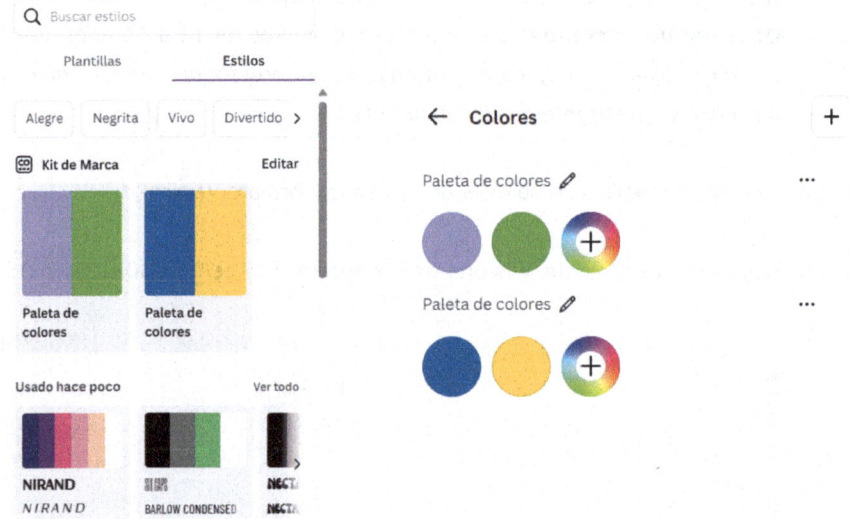

o **Paleta de colores recomendada**:

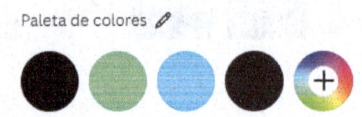

- Negro puro (#000000)
- Verde neón (#00FF9D)
- Azul eléctrico (#00C2FF)
- Gris oscuro (#1C1C1C)

o **Fondo**: terminal de código, escaneo biométrico, matrices, luces LED, fondo urbano nocturno.

3. **Tipografías futuristas o técnicas.** Para ello añade fuentes:

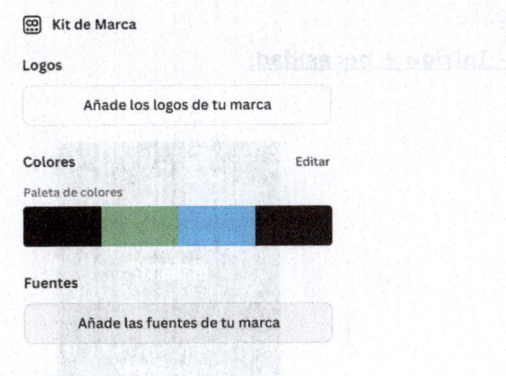

o **Titulos**: Anton

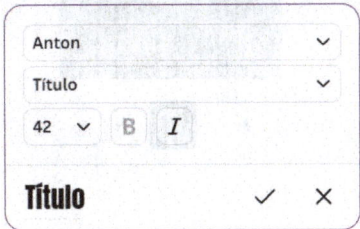

o **Cuerpo de texto**: Roboto, Exo, Source o Code Pro.

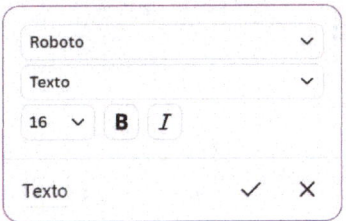

A continuación, se hace una propuesta de 3 imágenes para campaña vertical (*stories/reels*):

Imagen 1 – Intriga + necesidad:

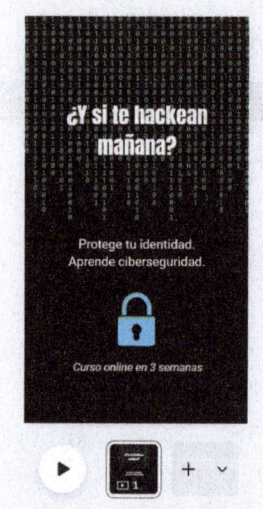

- o **Fondo**: pantalla negra con código en movimiento (efecto Matrix):

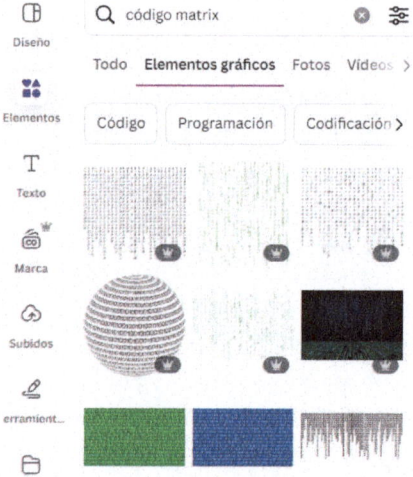

○ Texto:

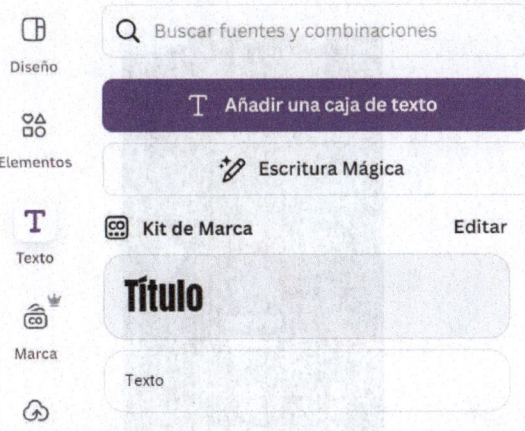

- **Título**: "¿Y si te hackean mañana?"
- **Texto cuerpo**: Protege tu identidad. Aprende ciberseguridad.

○ **Elemento visual:** candado en *glitch* + frase intermitente: "Curso online en 3 semanas".

Para pasar a la edición de la segunda imagen hay que hacer clic en *Añadir una página*:

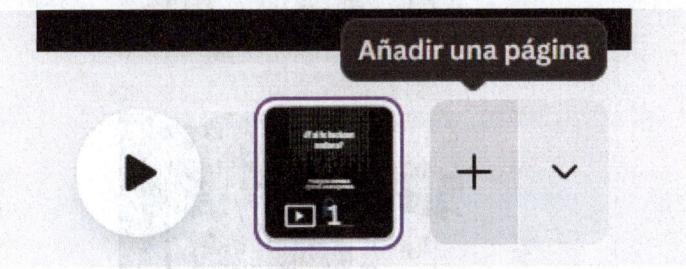

Imagen 2 – Beneficios y confianza:

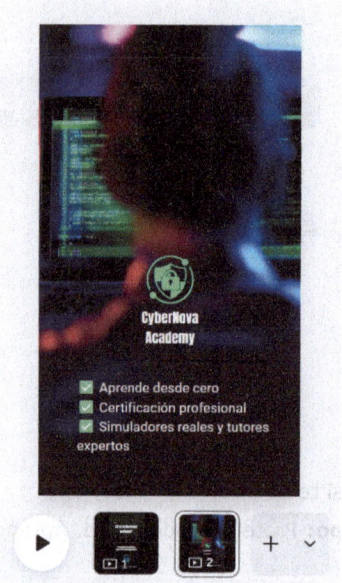

- **Fondo**: foto relacionada con la ciberseguridad.

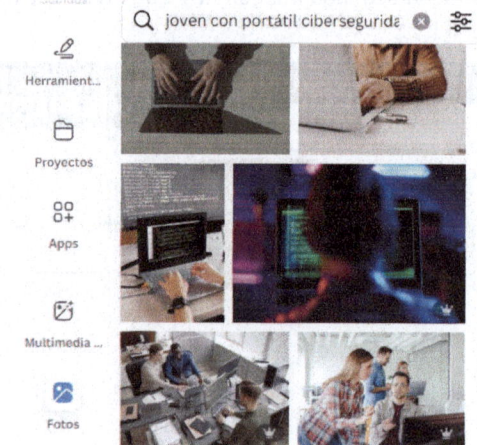

- **Texto**:
  - o Aprende desde cero.
  - o Certificación profesional.
  - o Simuladores reales y tutores expertos.

- **Elemento visual**: escudo cibernético brillante con el nombre CyberNova Academy

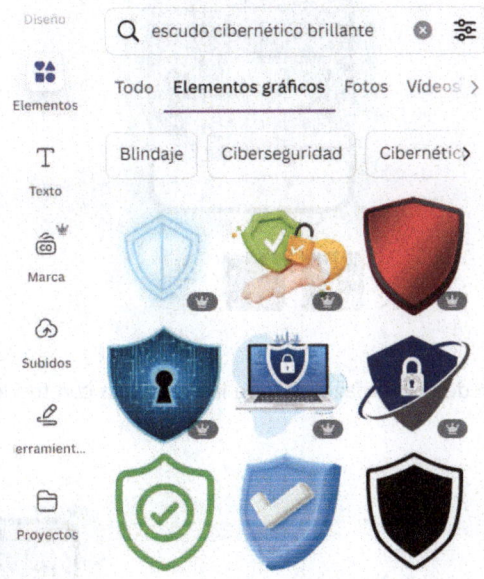

Imagen 3 – Acción inmediata

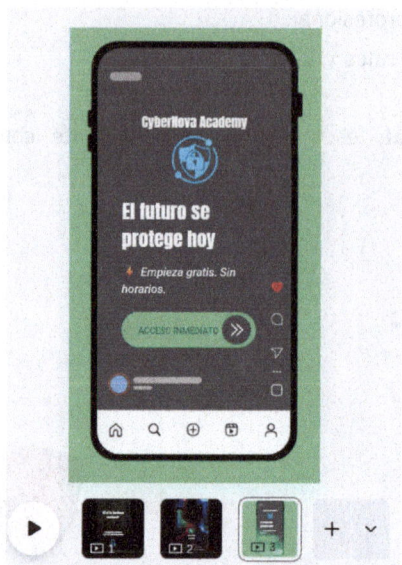

- **Fondo**: Marco de la interfaz móvil de la academia con fondo de los colores de la marca.

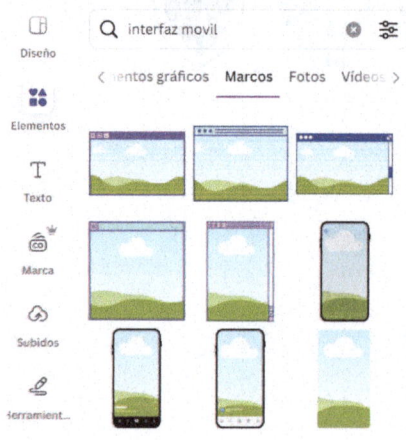 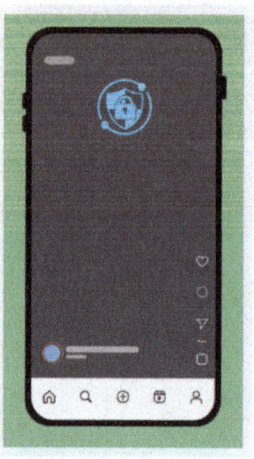

- **Texto**:
  - "El futuro se protege hoy.
  - ⚡ Empieza gratis. Sin horarios."

- **Botón simulado con texto**: "Acceso inmediato"

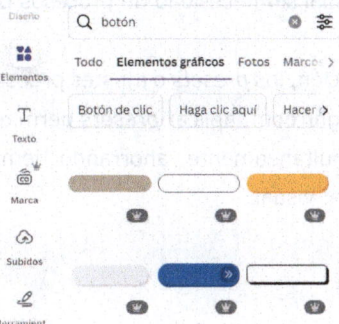

Para guardar correctamente este ejemplo y tenerlo disponible como parte de un documento, presentación o entrega, puedes seguir varias opciones, según lo que necesites:

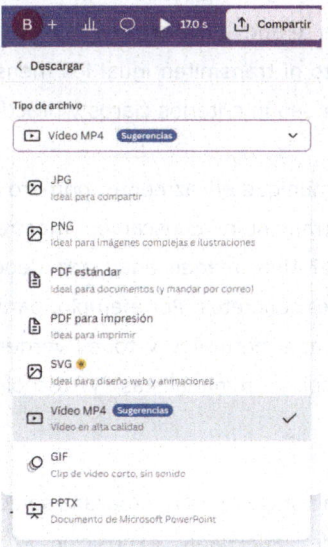

Hay que elegir la opción de compartir, posteriormente descargar y, por último, seleccionar el formato.

Entre los métodos más sencillos para mejorar fotografías están ajustes básicos como corregir la exposición, mejorar el contraste, ajustar la temperatura de color y recortar imágenes para mejorar la composición. Estos ajustes simples permiten mejorar notablemente la calidad visual sin necesidad de procesos complicados.

Para agilizar aún más la edición, los *presets* o ajustes preestablecidos son especialmente útiles. En software como Lightroom, aplicar *presets* permite realizar ajustes coherentes en múltiples imágenes simultáneamente, ahorrando tiempo y garantizando un estilo uniforme en todo el material visual.

Anotación

La edición eficiente y una buena gestión de imágenes aseguran que la fotografía digital sea una herramienta efectiva y accesible para potenciar cualquier estrategia empresarial.

La elección de las imágenes más adecuadas es fundamental para lograr que las fotografías digitales realmente apoyen la estrategia comercial. No todas las fotografías cumplen el mismo propósito ni transmiten igual los mensajes de una empresa, por lo que es esencial saber elegir según criterios claros y prácticos.

Para que una fotografía comunique eficazmente, primero hay que definir claramente el mensaje que se quiere transmitir. ¿Buscamos mostrar profesionalidad, cercanía, innovación o sostenibilidad? Una imagen adecuada debe reforzar estos conceptos a través de elementos visuales concretos. Por ejemplo, para transmitir sostenibilidad, las fotos pueden incluir elementos naturales y tonos verdes o terrosos. Para comunicar innovación, imágenes limpias, minimalistas y tecnológicas suelen ser las más adecuadas.

La calidad técnica es otro factor clave. Una fotografía seleccionada para representar una empresa debe tener nitidez adecuada, exposición equilibrada, colores precisos y ausencia de ruido visual. Fotografías técnicamente deficientes pueden transmitir descuido o falta de profesionalidad. Además, la relevancia visual implica elegir imágenes donde lo más importante quede claramente destacado, evitando distracciones o elementos innecesarios que puedan confundir al espectador.

Actualmente, la fotografía empresarial evoluciona con rapidez. Se valora especialmente la naturalidad, la autenticidad y la espontaneidad, alejándose de las imágenes demasiado artificiales o genéricas. También es frecuente ver fotografías adaptadas a diferentes plataformas, ya que las imágenes para redes sociales, páginas web o material impreso tienen requisitos específicos.

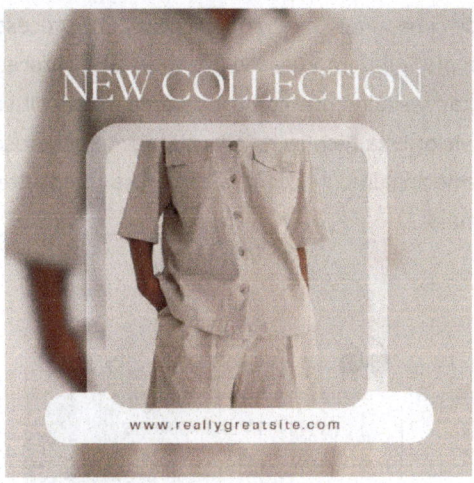

Fig. 3. La elección de las imágenes siempre debe basarse en la coherencia entre la intención comunicativa y la fotografía elegida

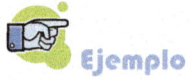 **Ejemplo**

En redes sociales, por ejemplo, las imágenes suelen ser más informales, dinámicas y adaptadas al formato vertical, especialmente en Instagram o TikTok. En páginas web corporativas, se prefieren imágenes profesionales, amplias y bien definidas que comuniquen claramente el valor de la empresa. En soportes impresos, la calidad técnica (resolución alta, colores precisos) es especialmente importante debido al detalle que requiere el medio físico.

La fotografía digital es en sí misma un componente esencial del contenido digital. Con imágenes adecuadas se pueden crear campañas más efectivas y coherentes, fortalecer la identidad de la empresa y aumentar la interacción con clientes potenciales. Deben alinearse con los objetivos específicos de cada campaña: captar atención rápidamente en anuncios digitales, transmitir fiabilidad y profesionalidad en webs corporativas, o generar cercanía en redes sociales. Una fotografía efectiva es aquella que apoya el mensaje de manera clara y directa, facilitando que la audiencia comprenda rápidamente el objetivo de la campaña.

El *storytelling* visual consiste en usar fotografías para contar historias atractivas y coherentes que conecten emocionalmente con la audiencia. Para lograrlo, se suelen seleccionar series de imágenes que representen un proceso, un cambio o una experiencia. Por ejemplo, una empresa podría mostrar el proceso artesanal detrás de sus productos o narrar visualmente cómo ha cambiado positivamente la vida de un cliente al usar su servicio. Esta técnica es especialmente poderosa porque permite a los usuarios conectar emocionalmente con la empresa mediante historias fácilmente reconocibles y humanas.

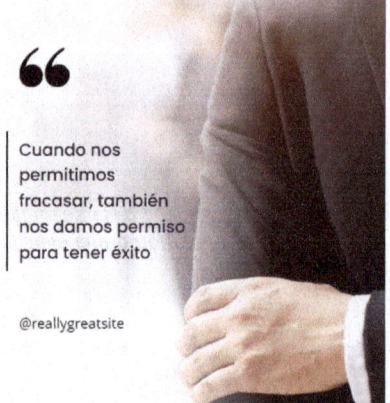

Fig. 4. El storytelling visual permite conectar con el público mostrando momentos, lugares o emociones que cuentan una historia por sí solos

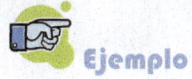

Ejemplo

"Shot on iPhone" es una campaña de Apple que pone en valor el potencial fotográfico de sus dispositivos móviles. Surgió en 2014, al detectar que muchos usuarios ya compartían imágenes con el hashtag #ShotOniPhone. Desde entonces, se ha transformado en un escaparate global donde tanto fotógrafos profesionales como aficionados muestran sus creaciones realizadas con iPhone.

A través de esta iniciativa, Apple ha sabido resaltar las capacidades técnicas de sus cámaras, incluyendo fotografía macro, retratos detallados y vídeos con estética cinematográfica. También ha impulsado colaboraciones con artistas y cineastas, como en el caso del cortometraje ¡Suerte!, rodado íntegramente con un iPhone 15 Pro.

Más que una simple muestra de calidad técnica, esta campaña representa un ejemplo claro de *storytelling* visual, ya que no se limita a enseñar fotos: comunica emociones, experiencias y fragmentos de vida reales capturados por personas de todo el mundo. A través de retratos, paisajes o vídeos, Apple utiliza las imágenes para narrar historias que conectan con el espectador. Además de promover la creatividad cotidiana, la marca ha colaborado con artistas y cineastas para mostrar las posibilidades narrativas del iPhone. Un ejemplo es el cortometraje ¡Suerte! grabado con un iPhone 15 Pro, o Detour, dirigido por Michel Gondry, que refuerzan la idea de que cualquier persona puede contar su propia historia visual utilizando únicamente su teléfono.

Entre los errores más frecuentes en la fotografía empresarial están:

- **Inconsistencia visual**: Usar imágenes que no guardan relación con la identidad o valores de la marca. Para evitarlo, conviene crear guías visuales claras que orienten la elección de fotografías.
- **Baja calidad técnica**: Imágenes desenfocadas, oscuras o con ruido visual excesivo generan una impresión negativa. Seleccionar cuidadosamente fotos técnicamente correctas evita este problema.
- **Saturación visual**: Usar demasiadas imágenes o imágenes demasiado cargadas de elementos visuales puede saturar al espectador. Elegir pocas fotos claras y directas es siempre más efectivo.
- **Ignorar el formato de publicación**: Una foto buena para impresión podría no funcionar igual en redes sociales. Adaptar cada imagen al formato específico del medio elegido es esencial.

Anotación

Seleccionar cuidadosamente las imágenes digitales según estos criterios permite optimizar el impacto visual de cualquier empresa.

2. Fundamentos de la producción fotográfica

Una sesión fotográfica exitosa comienza con una planificación adecuada. Es importante definir claramente qué se desea comunicar a través de las imágenes. Cada fotografía debe tener un objetivo específico: transmitir profesionalidad, destacar características de productos, mostrar cercanía con el cliente, o reflejar valores como sostenibilidad o innovación. Antes de empezar cualquier sesión, la empresa debe decidir qué mensaje o idea central se quiere transmitir con las fotografías. Este mensaje puede variar según el propósito específico, como promocionar productos nuevos, resaltar servicios únicos o mejorar la percepción de la marca.

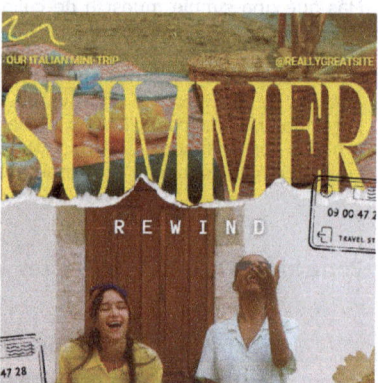

Fig. 5. Si la empresa busca mostrar confianza y cercanía, las fotografías deberían incluir ambientes cálidos y rostros amables

El estilo fotográfico elegido debe reflejar coherentemente la identidad corporativa. Una empresa tecnológica probablemente elija imágenes limpias y modernas, mientras que una empresa que vende productos orgánicos preferirá fotografías naturales y acogedoras.

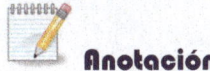

Anotación

El estilo debe mantenerse consistente en todas las imágenes para fortalecer la identidad visual de la marca.

Una vez definido el estilo y el mensaje, es preciso preparar adecuadamente el equipo fotográfico: cámara, lentes, trípode, iluminación adicional y elementos decorativos. La selección del lugar o locación también es vital, debiendo elegir un espacio que complemente visualmente el mensaje deseado. Por ejemplo, una oficina moderna transmite profesionalidad e innovación, mientras que un entorno al aire libre podría reflejar libertad y naturalidad.

La iluminación y la composición son dos elementos fundamentales en cualquier fotografía comercial. Ambos deben utilizarse estratégicamente para reforzar el mensaje visual deseado.

Tipos de iluminación: natural vs. artificial y sus ventajas:

- **Iluminación natural**: Proporciona resultados suaves, realistas y agradables. Ideal para mostrar productos o espacios de manera auténtica y accesible.

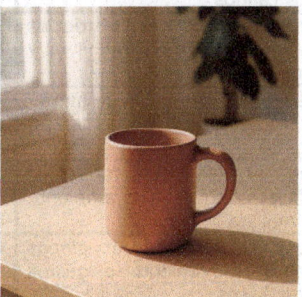

Fig. 6. La luz natural suave resalta la autenticidad del producto

- **Iluminación artificial**: Permite mayor control sobre el resultado final, especialmente útil en estudios o espacios cerrados, ofreciendo resultados consistentes y profesionales.

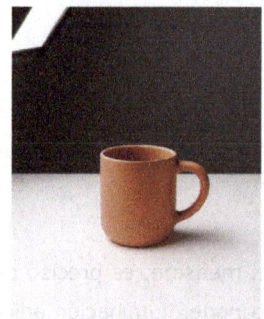

Fig. 7. La luz artificial permite un control total

A continuación, se presenta una tabla que relaciona distintas situaciones comunes en fotografía comercial con la mejor elección en cada caso, explicando por qué es la más adecuada:

Situación	Lo más recomendable	Por qué
Promocionar productos nuevos	Fotografías limpias, bien iluminadas y con fondo neutro	Permiten destacar el producto sin distracciones y transmitir una imagen profesional.
Mostrar cercanía con el cliente	Escenas con personas reales, sonriendo, en ambientes cálidos	Genera empatía y confianza, reforzando la idea de accesibilidad y trato humano.
Reforzar identidad de marca en una empresa tecnológica	Estilo moderno, minimalista, colores neutros, espacios ordenados	Transmite innovación, precisión y coherencia con la estética digital.
Resaltar valores como sostenibilidad	Imágenes en exteriores, con luz natural, materiales reciclados y tonos cálidos	Refuerza la conexión con lo natural, la transparencia y el respeto al medio ambiente.
Crear una campaña para redes sociales	Imágenes atractivas, verticales o cuadradas, con colores vivos y composición dinámica	Capta mejor la atención en redes y favorece el reconocimiento rápido de la marca.
Fotografiar productos artesanales u orgánicos	Estética rústica, iluminación natural y fondos de madera o textiles	Aporta autenticidad, cercanía y una sensación de producto hecho con mimo.
Mostrar servicios en oficinas modernas	Imágenes bien encuadradas, luz artificial controlada y ambiente minimalista	Transmite profesionalidad, orden y confianza, ideal para servicios corporativos.
Reflejar libertad y creatividad	Fotografías en exteriores, planos amplios, movimiento o gestos espontáneos	Comunica dinamismo, frescura e independencia, útiles para marcas jóvenes o artísticas.
Sesión para catálogo profesional	Fondo blanco, luz uniforme y detalles del producto desde varios ángulos	Es lo más eficaz para mostrar información visual clara y técnica sobre los productos.
Construir coherencia visual de marca	Mantener estilo fotográfico, paleta de colores y composición constantes	Refuerza la identidad visual y mejora el reconocimiento de la marca en todos los canales.

La regla de los tercios es una técnica simple pero efectiva que consiste en dividir visualmente la imagen en nueve partes iguales mediante dos líneas verticales y dos horizontales. Colocar elementos clave en los puntos de intersección genera composiciones más dinámicas y visualmente agradables. Otros principios útiles son el uso de líneas de dirección, simetría o patrones repetidos, para guiar visualmente al espectador hacia el objetivo deseado.

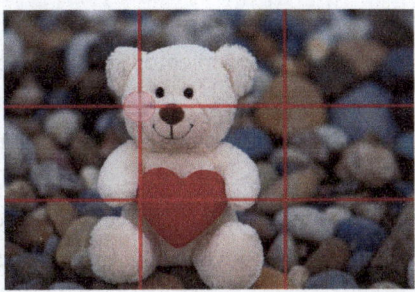

Fig. 8. Aplicando la regla de los tercios, el oso de peluche con corazón se sitúa en un punto de interés visual, atrayendo la atención de forma equilibrada y emocional

Durante las sesiones corporativas, la dirección efectiva de modelos o empleados es esencial para obtener imágenes naturales y auténticas. Es recomendable crear un ambiente relajado, ofrecer indicaciones claras y motivar a los participantes a actuar con naturalidad. Una dirección amable y precisa garantiza que las imágenes transmitan genuinamente el mensaje de profesionalidad y cercanía deseado.

Para conseguir resultados óptimos y eficientes en fotografía empresarial, es fundamental dominar algunas técnicas prácticas que permitan capturar imágenes de alta calidad desde el principio, reduciendo el tiempo invertido en edición posterior.

Cada tipo de fotografía empresarial necesita ajustes específicos en la cámara para obtener mejores resultados.

Por ejemplo:

- **Fotografía de producto**: Usa una apertura pequeña (número f alto) para garantizar nitidez total y buena profundidad de campo, enfocando todo el producto claramente.

- **Retratos**: Emplea aperturas amplias (número f bajo) para conseguir un fondo desenfocado que centre la atención en el rostro del modelo.
- **Eventos**: Ajusta la cámara con una velocidad rápida de obturación para capturar claramente momentos en movimiento y utiliza una ISO más alta si hay poca iluminación.

Para lograr imágenes atractivas desde la captura, hay que considerar lo siguiente:

- Utilizar trípodes para evitar movimientos involuntarios y asegurar imágenes nítidas.
- Aprovechar la luz natural cuando sea posible, ya que aporta una iluminación suave y realista.
- Aplicar técnicas básicas de composición (como la regla de los tercios) para obtener encuadres equilibrados y visualmente atractivos directamente desde la cámara.

El tiempo es fundamental en las sesiones comerciales. Para optimizarlo, es recomendable seguir los siguientes consejos prácticos:

- Realizar una planificación previa clara de las tomas necesarias.
- Tener siempre equipo adicional preparado (baterías, tarjetas de memoria) para evitar interrupciones.
- Mantener una lista organizada de tomas para no olvidar ninguna imagen esencial durante la sesión.

Elegir rápidamente las mejores imágenes permite que los procesos posteriores, como la edición y publicación, sean ágiles y eficaces. Para ello, filtra imágenes usando criterios claros:

- Primero descarta fotos desenfocadas o mal expuestas.
- Selecciona imágenes que transmitan con claridad el mensaje o propósito definido.
- Finalmente, revisa aquellas que mejor se alinean visualmente con la identidad de marca.

Herramientas como Adobe Lightroom, Capture One o plataformas online permiten etiquetar, calificar y organizar automáticamente las imágenes según metadatos o parámetros previamente configurados. Esto facilita la localización rápida de las mejores imágenes tras la sesión.

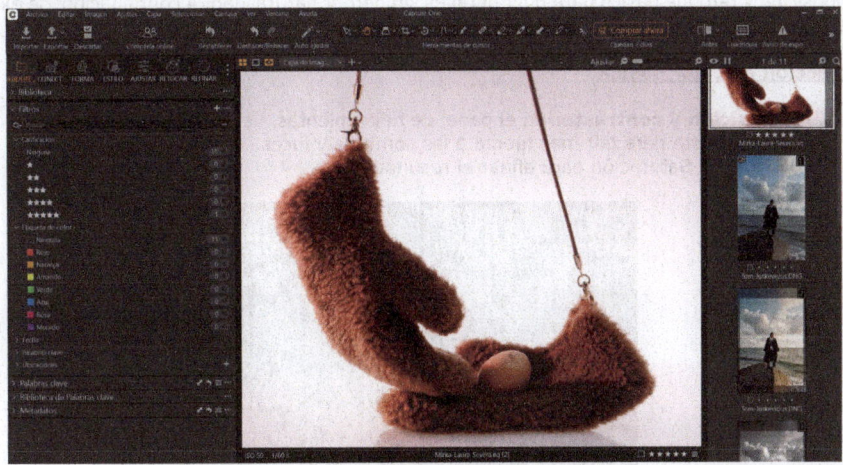

Fig. 9. La interfaz de Capture One muestra un entorno de edición profesional con herramientas organizadas en paneles laterales, vista previa de imágenes RAW al centro y opciones detalladas para clasificación, ajustes, metadatos y retoque fotográfico a la izquierda y derecha de la pantalla

En la edición fotográfica empresarial, existen algunos ajustes fundamentales que permiten mejorar la calidad de las imágenes sin perder naturalidad. Uno de los más importantes es la corrección de color, que consiste en ajustar parámetros como la exposición, el contraste y la temperatura de color para lograr un resultado equilibrado, realista y visualmente agradable.

Junto a esto, el recorte es clave para eliminar elementos innecesarios y mejorar la composición general de la imagen, dirigiendo la atención hacia lo verdaderamente relevante. Además, se suele aplicar un retoque básico para corregir pequeñas imperfecciones, como manchas o polvo, sin alterar el aspecto auténtico de la fotografía.

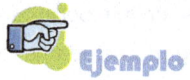

Por ejemplo, para obtener una imagen equilibrada y visualmente atractiva en Capture One, es clave seguir un flujo de trabajo que incluya corrección de color, recorte para mejorar la composición y retoque básico para pulir detalles sin perder naturalidad. A continuación, se expone este proceso:

Corrección de color básica

1. **Exposición y contraste**: En el panel de herramientas, ve a Exposición. Ajusta:
   o   Contraste para dar más fuerza a las sombras y luces.
   o   Brillo y Saturación para afinar el resultado.

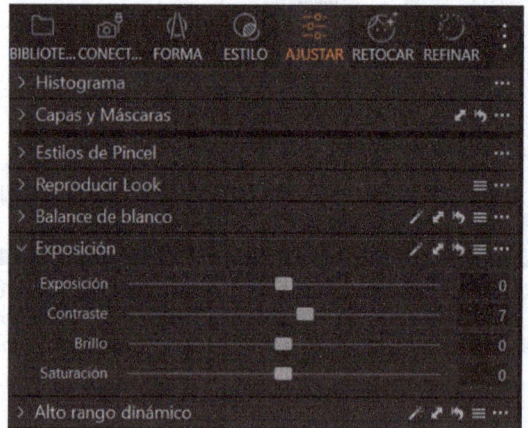

2. **Temperatura de color**: En la herramienta Balance de blancos, puedes usar el cuentagotas para seleccionar un área neutra o ajustar manualmente la temperatura y el matiz.

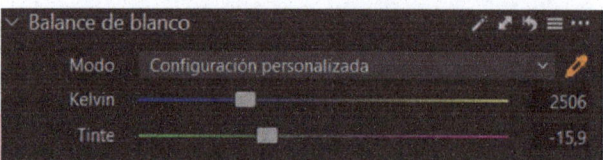

3. **Editor de color**: Usa el modo Básico o Avanzado para modificar colores específicos. El modo Tono de piel es ideal para retratos.

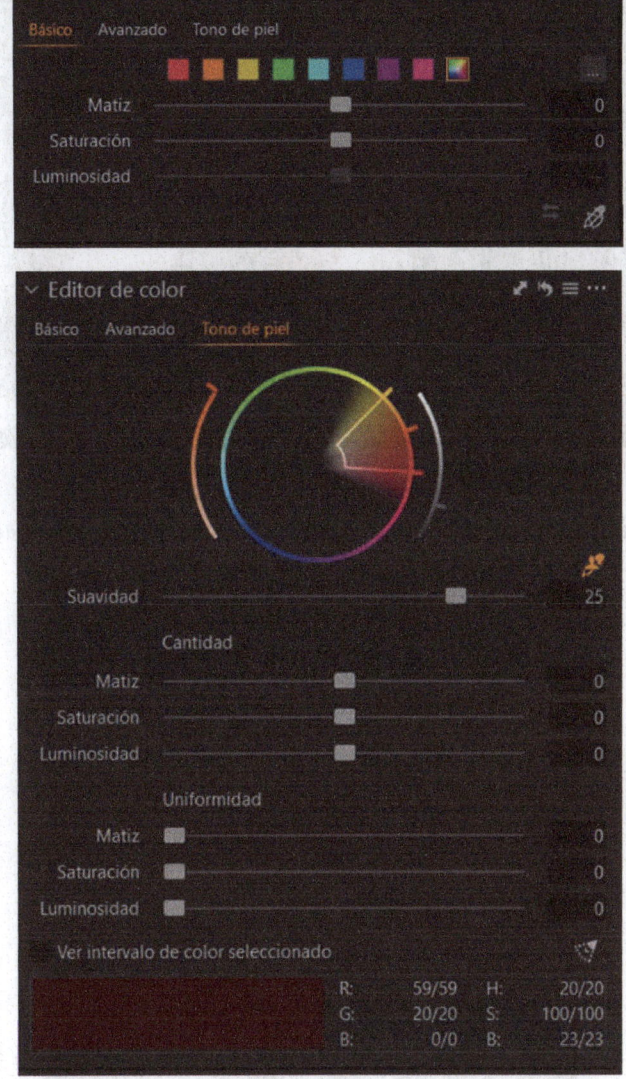

Recorte y composición

1. Selecciona la herramienta de recorte (atajo: C).
2. Arrastra sobre la imagen para definir el nuevo encuadre.

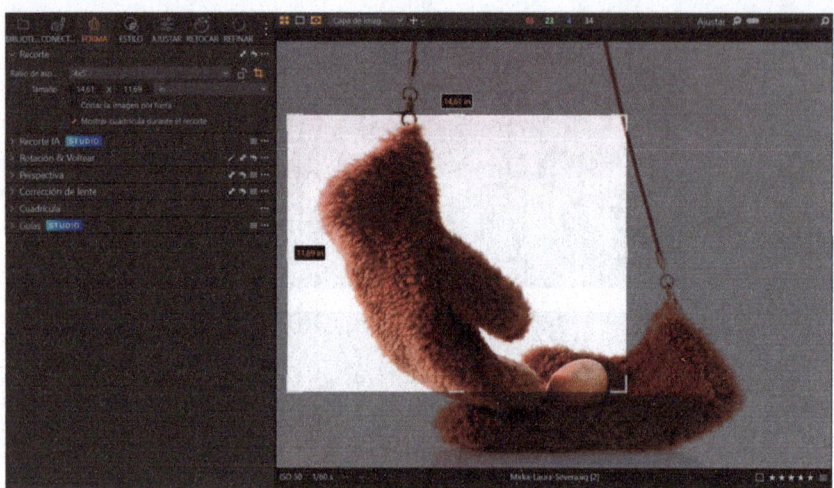

3. Puedes mantener el ratio de aspecto o cambiarlo.

4. Para rotar, mueve el cursor a una esquina hasta que aparezca el icono de rotación.

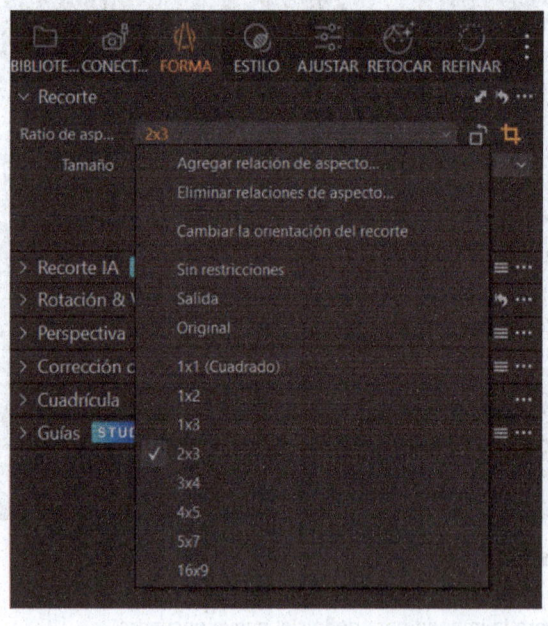

Retoque básico

1. Usa la herramienta de retocar.

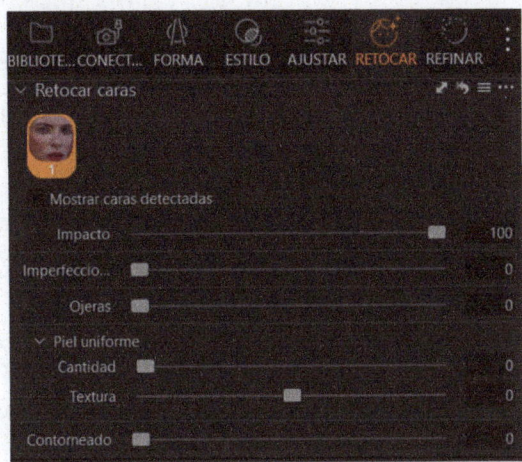

2. Establece los valores que consideres:

- **Impacto (100)**: Aplica la intensidad general del retoque facial. Valor 100 = retoque máximo.
- **Imperfecciones (100)**: Suaviza o elimina manchas, granos y otros defectos cutáneos. Valor 100 = máxima corrección de imperfecciones.
- **Ojeras (100)**: Reduce el tono oscuro debajo de los ojos. Valor 100 = eliminación total de ojeras.
- **Subsección**: Piel uniforme. Esta parte trabaja en la suavidad y homogeneidad del tono de piel. Cantidad (100): Controla cuánta suavidad se aplica a la piel. Valor 100 = suavizado muy fuerte. Textura (50 aprox.): Restaura o conserva algo de textura natural para que la piel no quede "plástica". Valor medio = equilibrio entre suavidad y naturalidad.
- **Contorneado (47)**: Agrega sombra o definición en zonas como pómulos o mandíbula para perfilar el rostro. Valor 47 = contorneado moderado.

Una herramienta muy útil en este proceso es la creación de *presets*, es decir, configuraciones predeterminadas de ajustes que pueden aplicarse de forma rápida a múltiples imágenes. Gracias a ellos, se puede mantener una coherencia visual entre todas las fotografías de una empresa, lo cual refuerza la identidad de marca y agiliza notablemente el flujo de trabajo. Utilizar *presets* adaptados al estilo corporativo permite que cada imagen, independientemente del momento o del lugar donde se haya tomado, se perciba como parte de un mismo lenguaje visual.

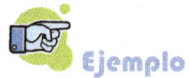

Ejemplo

Para crear un ajuste preestablecido en Capture One, comienza seleccionando una imagen en el visor y aplicando los ajustes deseados dentro de la herramienta específica, como por ejemplo Balance de blanco o Exposición, tal como se muestra en la pestaña "Ajustar" de la interfaz:

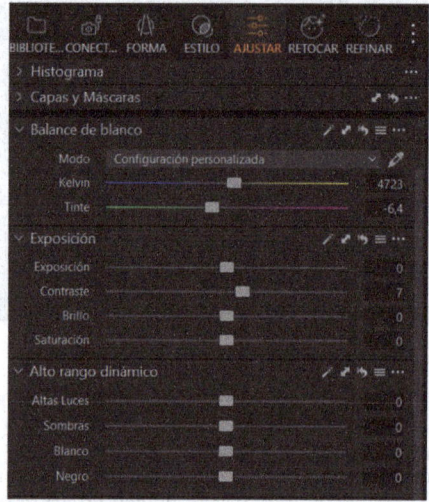

Luego, haz clic en el icono de tres líneas horizontales que aparece en la esquina superior derecha del panel de esa herramienta. En el menú desplegable —como se observa en la imagen, donde aparecen ajustes como "Cool Look" o "Warm Look"— selecciona la opción "Guardar Preajuste Personalizado...":

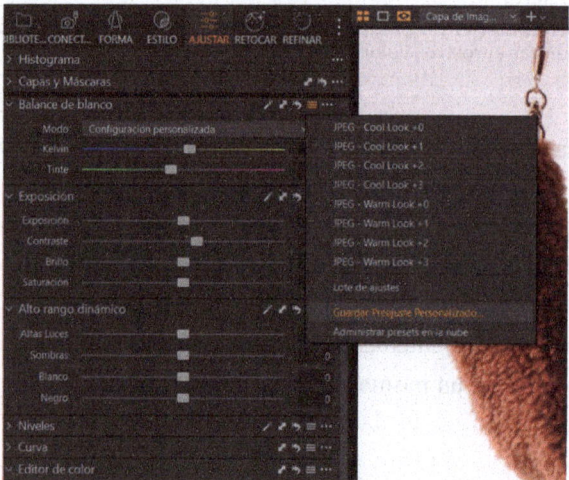

Tras confirmar la selección, se abrirá un cuadro para introducir un nombre representativo y guardar el preajuste, que luego podrás aplicar fácilmente a otras imágenes desde ese mismo menú:

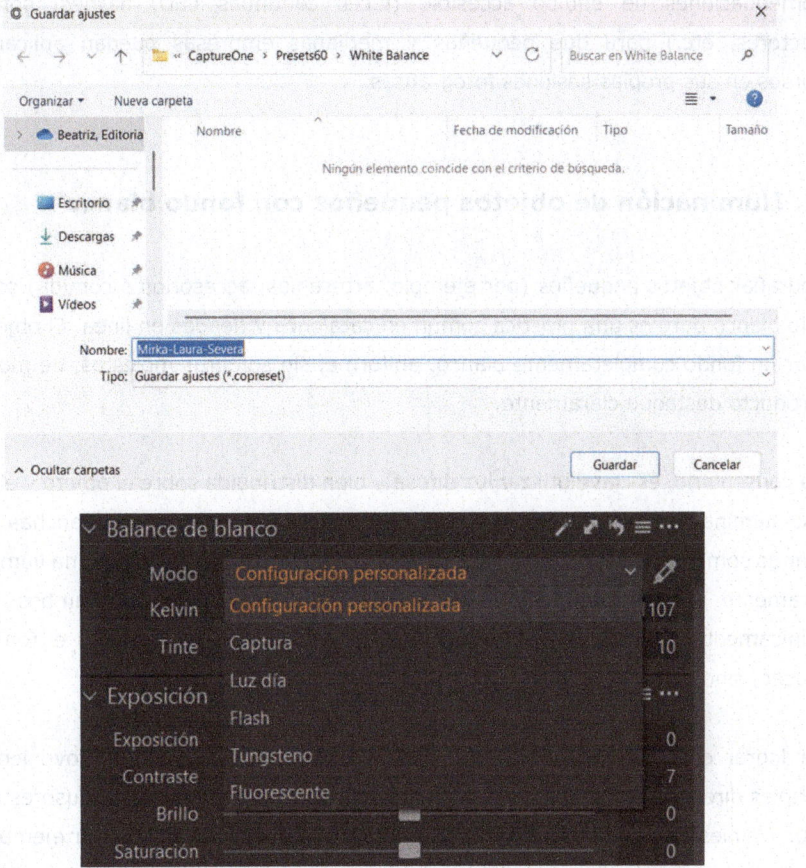

Esta función es especialmente útil para mantener una estética visual uniforme en ediciones empresariales o catálogos de producto.

3. Adquisición de las claves en la construcción de la luz

La iluminación es uno de los pilares fundamentales para obtener fotografías de calidad profesional en el ámbito empresarial. Una buena **construcción de la luz** permite realzar los productos y comunicar eficazmente las ideas y valores de cada comercio.

A continuación, se explican tres situaciones frecuentes en fotografía de productos y cómo resolverlas mediante técnicas de iluminación adecuadas. Se incluyen recomendaciones de equipo accesible (luces continuas LED, flashes, softboxes, reflectores, etc.) para que pequeñas y medianas empresas puedan aplicar estos recursos en sus propias sesiones fotográficas.

3.1. Iluminación de objetos pequeños con fondo blanco

Fotografiar objetos pequeños (por ejemplo, artesanías, accesorios o comida) sobre un fondo blanco puro es una práctica común en catálogos y tiendas en línea. El objetivo es lograr un fondo completamente blanco, uniforme, sin sombras molestas, de modo que el producto destaque claramente.

Para conseguirlo, es clave utilizar luz difusa y bien distribuida sobre el objeto y el fondo. Si se ilumina correctamente, el fondo quedará blanco puro y sin manchas grises, evitando sombras proyectadas indeseadas. Esto se logra dando al fondo una iluminación ligeramente más intensa que al sujeto principal, separando ambos planos lumínicamente. De esta forma, el producto no aparece subexpuesto ni el fondo sale grisáceo, sino que obtenemos el blanco puro buscado.

Para lograr este efecto, se suelen emplear fuentes de luz suaves provenientes de múltiples direcciones. Lo ideal es usar herramientas como *softboxes*, difusores o cajas de luz (miniestudios) que eliminen las sombras duras sobre el objeto. Por ejemplo, una caja de luz (también llamada *lightbox*) es un pequeño estudio portátil con paredes traslúcidas que difunden la luz en todas direcciones, creando una iluminación homogénea.

Fondo blanco curvado (fondo infinito)

Objeto pequeño
(en el centro del fondo
curvado)

**Softbox o paraguas
con luz difusa**
(fuente principal
lateral)

Cámara
(frontal al objeto)

**Reflector blanco
o plateado**
para rebotar luz y
suavizar sombras
(en el lado opuesto)

En una caja de luz, se coloca el objeto en el centro y se ilumina desde los laterales (o desde arriba) a través de las paredes de tela o papel traslúcido; esto suaviza la iluminación y elimina las sombras pronunciadas en el fondo y alrededor del producto. En la imagen a continuación se aprecia un esquema básico de iluminación con fondo blanco: un fondo continuo curvado, una fuente de luz difusa a la izquierda (*softbox* o paraguas) y un reflector a la derecha para rebotar luz, evitando sombras fuertes sobre el objeto fotografiado:

Las luces LED continuas son muy útiles en estos casos, ya que permiten ver en tiempo real cómo incide la luz, aunque también pueden emplearse *flashes* de estudio o *speedlights* equipados con difusores (*softboxes*, sombrillas, etc.) para obtener mayor potencia lumínica si se requiere.

A continuación, se exponen algunos consejos prácticos para fondo blanco sin sombras:

- **Fondo y separación**: Utilizar un fondo blanco liso (cartulina, tela o papel) y colocar el objeto separado unos centímetros del fondo. Esto evita que la propia pieza proyecte sombras directas sobre el fondo y facilita que este se ilumine de forma uniforme. Un fondo infinito curvado (sin ángulos rectos) ayuda a que no aparezcan esquinas ni líneas de horizonte en la imagen.

- **Iluminación del fondo**: Dirigir al menos una luz dedicada al fondo, de mayor intensidad que la luz principal del objeto. Por ejemplo, se puede situar una lámpara o *flash* apuntando al fondo (desde atrás o por debajo) para sobreiluminarlo ligeramente y conseguir que quede blanco puro. Es importante controlar que esa luz extra no sobreexponga ni queme los bordes del producto.

- **Iluminación del sujeto**: Iluminar el producto con una o dos fuentes de luz suave a 45° desde los lados/frontales, mediante *softboxes*, ventanas de luz o difusores. Las luces suaves y difusas evitan sombras duras en el objeto y sobre la base. Si se utiliza una sola luz principal, conviene apoyarla con reflectores o una segunda luz de relleno para rellenar las sombras del lado opuesto.

- **Accesorios de apoyo**: Colocar reflectores blancos (cartulinas, paneles de foam o pantallas reflectoras) alrededor del objeto ayuda a rebotar la luz y minimizar cualquier sombra tenue remanente. También es aconsejable emplear un trípode para la cámara, de modo que se puedan usar exposiciones más largas o ajustar cómodamente la escena sin riesgo de trepidación (especialmente útil con luces continuas menos potentes). Finalmente, disparar en formato RAW y calibrar bien el balance de blancos permite afinar en la edición los tonos y alcanzar el blanco neutro perfecto si hiciera falta.

Siguiendo estas pautas, incluso con equipos básicos se pueden obtener fotografías de producto con fondo completamente blanco y aspecto profesional. Por ejemplo, kits de iluminación continua económicos que incluyen dos *softboxes* con bombillas LED de luz día, o pequeñas cajas de luz plegables con tiras LED integradas, pueden ser suficientes para objetos de tamaño reducido.

Lo importante es buscar una iluminación uniforme y controlada, evitando que el sujeto genere sombras marcadas sobre el fondo y logrando que el fondo reciba la luz necesaria para salir blanco en la foto. Con práctica, es posible conseguir que la foto salga bien expuesta desde la cámara, necesitando muy poco retoque posterior para obtener ese fondo blanco puro deseado.

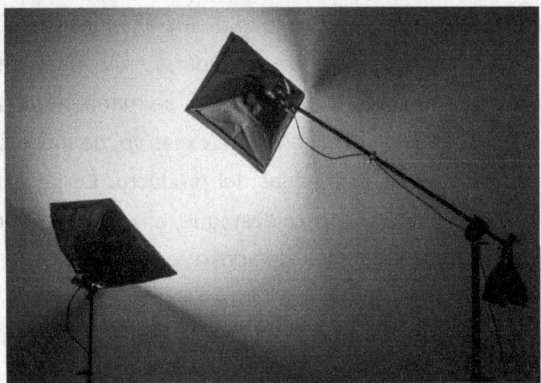

Fig. 10. Dos softboxes montados sobre trípodes proporcionan una luz suave y difusa, ideal en fotografía profesional para suavizar sombras y lograr un resultado más natural en retratos, productos o vídeos

3.2. Iluminación de calzado, manteniendo la sombra original de la base

En la fotografía de calzado para catálogos o tiendas, suele ser deseable conservar la sombra natural que el zapato proyecta sobre la superficie. Esta sombra de contacto bajo la suela proporciona una referencia visual de apoyo y volumen, evitando que el producto parezca "flotando" en el aire. La clave está en iluminar el zapato de forma que resalte su forma y detalles, pero sin eliminar completamente la sombra que se forma en la base.

A diferencia del caso anterior, aquí no buscamos un fondo sin sombras en absoluto, sino controlar la iluminación para que la sombra principal permanezca suave y agradable, dando realismo tridimensional.

La mejor manera de lograr una sombra natural es utilizar una fuente de luz principal lateral. Al colocar la luz a un lado del zapato (ya sea luz natural desde una ventana, o una luz artificial lateral), el zapato proyectará su sombra hacia el lado opuesto, generando un efecto tridimensional más atractivo. Esta luz lateral debe ser suave (por ejemplo, una luz difusa de un *softbox* o un *flash* con difusor) para que la sombra proyectada no sea demasiado dura ni de bordes muy definidos.

Al mismo tiempo, conviene usar algún relleno de luz en el lado opuesto al principal: se puede situar un reflector blanco o una luz secundaria muy suave en el lado en sombra para aclarar ligeramente esa zona. De esta forma, se mantiene la sombra de contacto debajo del calzado, pero reduciendo el contraste excesivo, de modo que aún se aprecian los detalles en las zonas menos iluminadas del producto. En general, una iluminación uniforme y suave ayudará a que el zapato destaque, a la vez que se conserva la sombra natural bajo la suela para dar sensación de apoyo real.

En la siguiente imagen de ejemplo, podemos imaginar un esquema donde una luz suave desde la izquierda ilumina el zapato creando una sombra hacia la derecha. Esa sombra se ve atenuada gracias a un reflector colocado a la derecha del producto, que suaviza las sombras sin eliminarlas por completo:

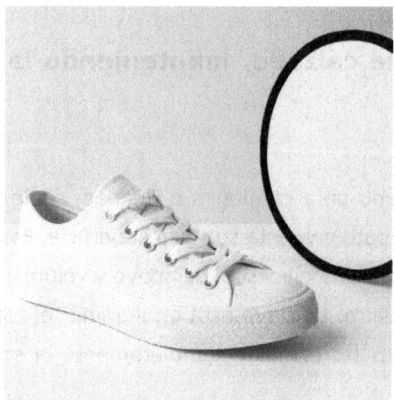

Este equilibrio de luces permite apreciar la textura y forma del calzado, incluyendo la base, sin que las sombras resulten molestas. Es importante posicionar la luz principal en un ángulo adecuado (por ejemplo, a 45 grados lateral frontal respecto al zapato) de manera que la sombra caiga ligeramente detrás y al costado del producto, simulando la que veríamos en condiciones naturales. También podemos elevar la fuente de luz principal un poco por encima del nivel del zapato, para que la sombra se forme justo debajo del mismo y hacia un lado, quedando pegada a la base (sombra de contacto) en lugar de proyectarse muy alargada.

En cuanto al equipo recomendado para este tipo de iluminación de calzado, se puede emplear un *softbox* mediano o un *flash* rebotado mediante paraguas difusor como luz principal lateral. Un reflector de estudio o simplemente una cartulina/cartón pluma blanco al lado contrario servirá para rebotar luz de relleno.

Opcionalmente, una segunda luz muy suave desde el frente puede usarse a baja potencia solo para realzar algún detalle frontal o el interior del zapato, pero con cuidado de no aplanar la imagen ni borrar la sombra base. Un fondo neutro (blanco o gris claro) realzará la sombra; de hecho, fotografiar el zapato sobre fondo blanco ayuda a que la sombra sea más visible con bordes difuminados.

Por último, conviene mantener la estética coherente: todas las fotos de zapatos de la marca deberían tener la luz viniendo de una dirección similar y la sombra orientada de forma consistente, para lograr uniformidad en el catálogo. Esta técnica de iluminación lateral con sombras controladas permitirá mostrar el calzado de forma atractiva y realista, conservando ese toque de profundidad que aportan las sombras originales.

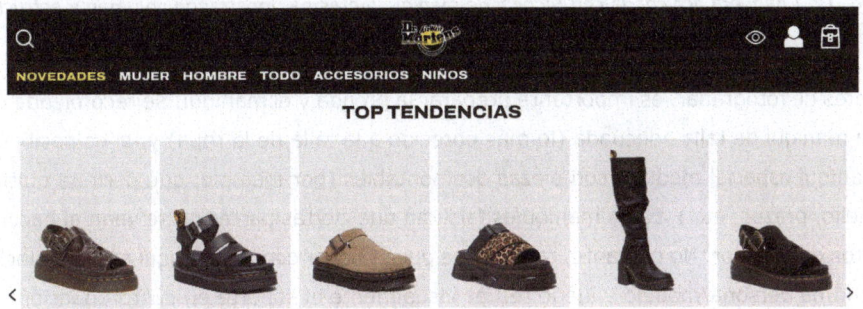

Fig. 11. En la tienda online oficial de Dr. Martens, se presenta una selección de calzado cuyas imágenes muestran cada modelo con fondo neutro, luz frontal uniforme y ángulos que destacan la forma, textura y acabados característicos de la marca

3.3. Iluminación de ropa en maniquí con efecto fantasma: una foto para el exterior y otra para el interior

La técnica del maniquí fantasma (o maniquí invisible) es muy utilizada en fotografía de moda para *e-commerce*, ya que permite mostrar las prendas con volumen y en 3D sin que el maniquí aparezca en la imagen final. El resultado es una foto de la prenda como si la llevara un modelo invisible: se ve la forma de la ropa e incluso parte de su interior (cuello, forro), pero ningún cuerpo ni soporte a la vista. Lograr este efecto requiere combinar varias tomas fotográficas y luego editarlas, pero la iluminación adecuada desde el inicio facilita enormemente el proceso.

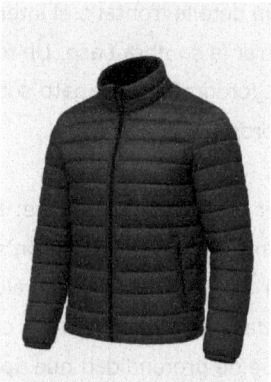

Fig. 12. Chaqueta acolchada con técnica de maniquí fantasma, mostrando volumen y estructura sin modelo visible, ideal para presentación de prendas en tiendas online

Antes de fotografiar, es importante preparar la prenda y el maniquí. Se recomienda usar un maniquí de talla adecuada (lo más parecido a la talla de la ropa) y, si es posible, un maniquí especial modular con piezas desmontables (por ejemplo, que permita quitar el cuello, brazos, etc.). Estos maniquíes facilitan que ciertas partes no se vean al hacer las fotos del interior. No obstante, también se puede hacer con un maniquí común o incluso con una persona/modelo y luego retirar visualmente el soporte en postproducción.

En cualquier caso, la iluminación debe ser uniforme y neutra, resaltando la forma de la prenda sin provocar sombras fuertes que compliquen el montaje después. Lo ideal es utilizar dos o más fuentes de luz suaves a 45º desde ambos lados frontales, de forma parecida a un esquema de retrato de producto: así iluminamos la prenda de frente de manera homogénea. Se coloca además un fondo blanco liso detrás del maniquí, bien iluminado, para que el resultado final tenga fondo blanco limpio (esto simplifica luego aislar la imagen).

Es útil situar *softboxes* o ventanas de luz laterales y quizá una luz desde arriba para iluminar homogéneamente, además de poner un reflector frontal o inferior que envíe luz a zonas difíciles como las axilas o interior de mangas, evitando sombras profundas en esas áreas.

Anotación

En síntesis, buscamos una iluminación difusa envolvente que marque la silueta de la prenda, pero sin contrastes excesivos.

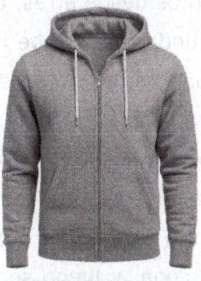

Fig. 13. Ejemplo de fotografía con técnica de maniquí invisible: la sudadera se muestra con volumen y forma natural, destacando su interior y detalles, sin que el soporte sea visible

A continuación, se exponen los pasos para lograr el efecto de maniquí fantasma:

1. **Fotografiar la prenda por el exterior**: Vista principal. Coloca la prenda vestida en el maniquí y ajústala correctamente (que no queden arrugas extrañas ni partes caídas). Ilumina con luz suave desde ambos lados para resaltar la forma general. Toma una foto frontal mostrando el exterior de la prenda con el maniquí, asegurándote de que la cámara esté centrada y a la altura adecuada. Luego, si la prenda también se mostrará por detrás, realiza igualmente una foto de la parte posterior sobre el maniquí, con la misma configuración de iluminación, para tener

la vista trasera. Usa trípode y no cambies la distancia focal ni la posición de cámara entre tomas.

2. **Fotografiar la prenda por el interior**: Sin mover la cámara ni la iluminación, quita con cuidado la prenda del maniquí (o retira partes del maniquí, como el torso trasero o el cuello, si es desmontable). Ahora necesitamos capturar la parte interior que normalmente el maniquí ocultaba. Una manera común es vestir solo la sección interior en el maniquí (por ejemplo, colocar la prenda al revés o solo la parte del cuello y forro visible) o pedir a un asistente que sostenga la prenda por dentro desde detrás.

   Lo importante es fotografiar el interior (cuello, etiqueta, forro) con la misma perspectiva que la toma exterior. Por ejemplo, para una camisa, se fotografía el cuello y la zona de los hombros desde atrás, de forma que luego encaje detrás de la foto frontal. Esta segunda toma debe realizarse a la misma distancia y encuadre que la primera, para que las proporciones coincidan al montarlas.

3. **Combinar y editar las imágenes**: Con las fotos obtenidas, procedemos a la posproducción digital para crear el efecto fantasma. En un programa de edición (p. ej. Photoshop), se recorta la imagen principal de la prenda (el exterior) sacando al maniquí de la escena, y luego se superpone la imagen del interior exactamente detrás, de manera que se vea la parte interna en el hueco del cuello o donde corresponda.

   Al componer ambas tomas, se obtiene la ilusión de que la prenda se sostiene por sí misma con volumen. Es fundamental que las fotografías coincidan en escala y ángulo, de ahí la importancia de haber mantenido la misma configuración al tomar las fotos. Una vez alineadas, se ajustan colores, brillos y se limpia el fondo a blanco puro si hace falta. El resultado debe ser una imagen 3D de la prenda, perfectamente recortada sobre fondo blanco, lista para catálogo. La edición es un paso imprescindible para lograr un efecto de alta calidad, donde realmente parezca que un modelo invisible lleva puesta la ropa.

La siguiente imagen ilustra este proceso:

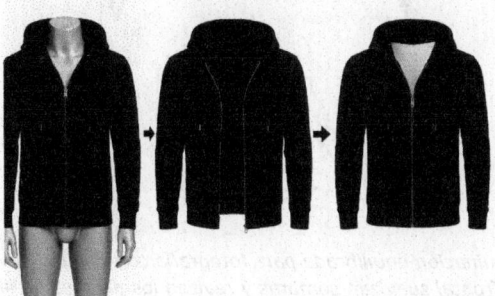

Fig. 14. A la izquierda la prenda en el maniquí, en el centro la toma del interior sostenido, y a la derecha el montaje final con el maniquí invisible

En cuanto a la iluminación más adecuada para fotografías de maniquí fantasma, reiteramos que debe ser lo más equilibrada posible. Conviene evitar luces duras que generen sombras complicadas de quitar (por ejemplo, sombras del maniquí proyectadas dentro de la prenda). En su lugar, utilizar varias luces difusas: dos *softboxes* laterales, y opcionalmente una luz de relleno frontal suave o reflector, para asegurar que incluso las zonas interiores (mangas, cuello) reciban algo de luz.

Un ajuste típico de estudio sería: fondo blanco iluminado por detrás, dos flashes con *softbox* a 45º iluminando la prenda desde adelante y los lados, y algún reflector abajo o frontal para las sombras internas. Si la prenda es muy oscura o mate, podríamos añadir luces pequeñas adicionales puntualmente (por ejemplo, una luz dirigida hacia dentro de la capucha de una sudadera, etc.) pero siempre cuidando que la iluminación final sea homogénea y consistente entre todas las fotos de la serie.

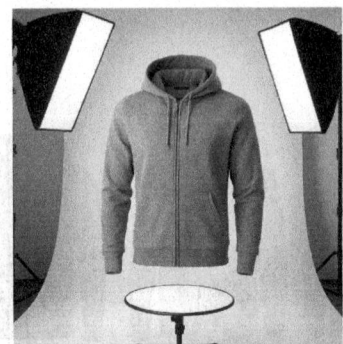

Fig. 15. Esquema de iluminación equilibrada para fotografía con maniquí invisible: dos softboxes laterales y un reflector frontal suavizan sombras y realzan los detalles de la prenda sobre fondo blanco

Finalmente, hay que mencionar que existen equipos y accesorios accesibles para lograr esto en una pequeña empresa: un kit de iluminación con un par de *softboxes* o *flashes*, un fondo blanco con su soporte, un maniquí económico de torso (incluso se puede usar un torso de escaparate de quita y pon) y, sobre todo, tiempo y práctica en la edición digital.

Aunque el proceso de obtener el efecto fantasma puede parecer laborioso, sus beneficios son claros: las prendas se muestran de forma muy atractiva y profesional, con volumen real y todos sus detalles visibles, lo que ayuda a los clientes a imaginar cómo lucen puestas. Con paciencia, cualquier pequeño negocio de moda puede implementar esta técnica para mejorar la presentación de su catálogo sin incurrir en los costes de contratar modelos humanos para cada sesión.

Las claves son iluminación uniforme, planificación de las tomas (exterior e interior) y un posprocesamiento cuidadoso para unir las imágenes. Así, se consigue construir con luz e ingenio una imagen impactante de la ropa, perfecta para el comercio digital moderno.

4. Aprendizaje de los recursos de la narrativa fotográfica

El aprendizaje de los recursos de la narrativa fotográfica implica conocer y dominar técnicas visuales que permiten contar historias o transmitir mensajes concretos a través de las imágenes. En el contexto empresarial, una fotografía debe atraer visualmente, comunicar con claridad las ideas, beneficios o características específicas de un producto o servicio.

La composición fotográfica determina cómo se organizan los elementos dentro del encuadre para captar rápidamente la atención del espectador y guiar su mirada hacia lo importante. Herramientas como la regla de los tercios, la perspectiva, el encuadre o el uso de líneas diagonales ayudan a estructurar visualmente la imagen para destacar lo esencial.

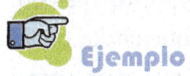
Ejemplo

Por ejemplo, si una tienda desea promocionar un producto concreto en su web, situarlo estratégicamente según la regla de los tercios puede captar más atención visual y reforzar el protagonismo del artículo.

La iluminación también influye directamente en la atmósfera y el tono emocional de la imagen. La elección entre una iluminación suave y difusa, como la generada por *softboxes* o paraguas translúcidos, y una iluminación más dura y directa determina la forma en que el espectador percibe el objeto o la escena.

La luz suave suele asociarse con un ambiente más acogedor y elegante, mientras que la iluminación más directa puede resaltar detalles específicos y dar una sensación más dinámica y dramática. En fotografía empresarial es habitual utilizar luces LED continuas, ya que facilitan el trabajo al permitir ajustar visualmente la escena de forma inmediata y cómoda.

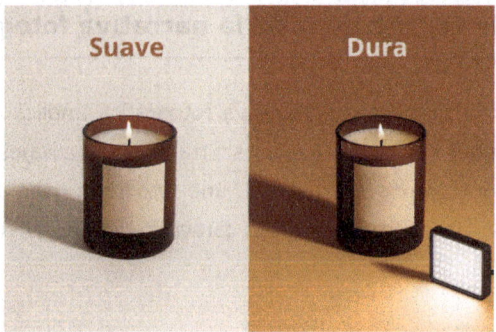

Fig. 16. La luz suave crea una atmósfera cálida y envolvente, mientras que la luz dura resalta sombras y detalles con un efecto más dramático

Por otra parte, controlar el enfoque selectivo es un recurso narrativo eficaz para destacar el elemento central de una fotografía empresarial. Utilizar aperturas amplias para conseguir poca profundidad de campo hace que el producto o elemento principal sobresalga claramente sobre un fondo desenfocado (efecto *bokeh*). Este método permite comunicar con precisión y rapidez al espectador cuál es el protagonista de la imagen, dejando otros detalles en un segundo plano menos relevante pero complementario.

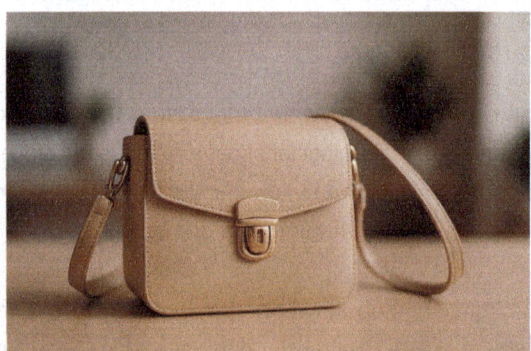

Fig. 17. Ejemplo de enfoque selectivo en fotografía de producto: el bolso destaca nítidamente sobre un fondo desenfocado, guiando la atención hacia sus detalles y textura

La narrativa fotográfica se completa mediante el manejo adecuado del color y la postproducción digital. Los ajustes de temperatura de color, contraste y saturación influyen directamente en cómo percibe el público la imagen y el mensaje transmitido. Por ejemplo, una empresa relacionada con productos ecológicos o naturales puede elegir colores suaves y cálidos para reforzar la idea de sostenibilidad, mientras que un negocio tecnológico o industrial podría emplear tonos más fríos y contrastados para transmitir modernidad y eficacia.

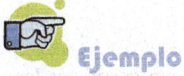

Ejemplo

Ejemplo 1: Empresa de productos ecológicos o naturales

Es fundamental que la imagen transmita calidez, serenidad y naturalidad. Para ello, en Capture One puedes aplicar los siguientes ajustes:

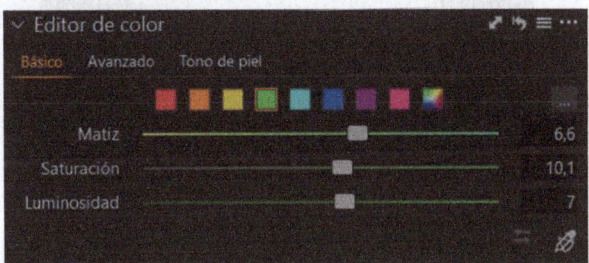

- **Matiz (*Tint*)**: Suma entre +5 y +10 hacia el verde, para reforzar visualmente la conexión con la naturaleza.

- **Saturación**: Añade un leve aumento (alrededor de +10) para realzar los colores de forma natural sin que parezcan artificiales.

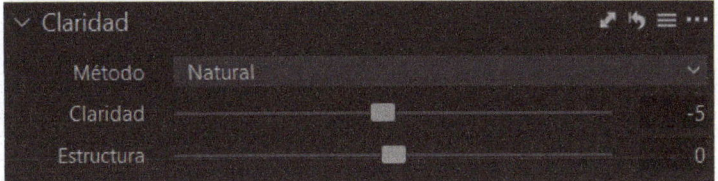

- **Claridad (*Clarity*)**: Usa el modo Natural con un valor entre -5 y 0. Esto suaviza los bordes y da un acabado más etéreo.

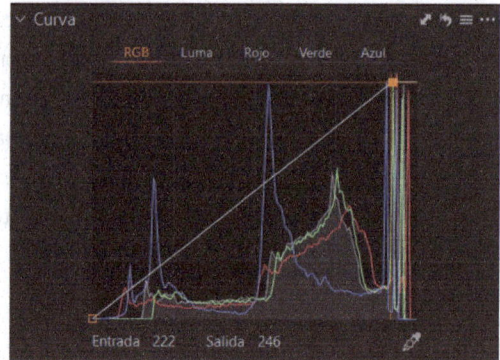

- **Curva de tonos**: Aplica una curva ligeramente elevada en las luces, sin oscurecer las sombras, para mantener una atmósfera luminosa y delicada.

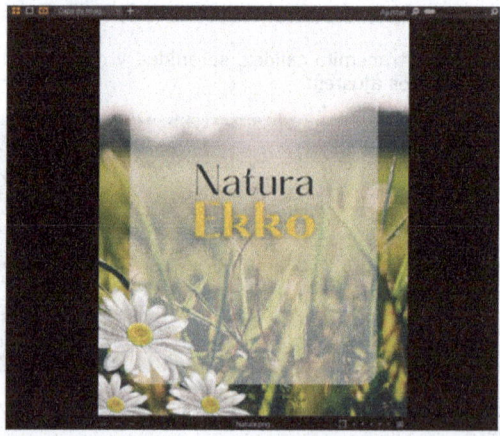

Este tipo de ajuste es perfecto para catálogos de productos sostenibles, campañas institucionales relacionadas con el medioambiente o retratos en entornos rurales.

Ejemplo 2: Empresa tecnológica o industrial

Lo ideal es transmitir sensaciones de eficiencia, precisión y modernidad. Aquí es recomendable aplicar otro enfoque en Capture One:

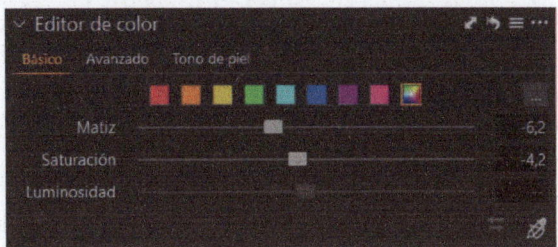

- **Matiz (*Tint*)**: Resta unos puntos (entre -5 y -10) hacia los magentas para eliminar la calidez y reforzar un ambiente más neutro.

- **Saturación**: En este caso conviene reducirla ligeramente (entre -10 y 0) para evitar colores saturados que puedan distraer o resultar infantiles.

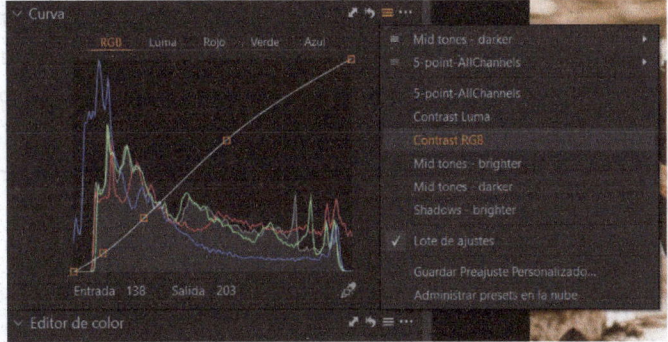

- **Curva de tonos**: Aplica una curva tipo "Contrast RGB", que acentúe aumente el contraste tocando los tres canales (rojo, verde, azul), generando un efecto más impactante y frío.

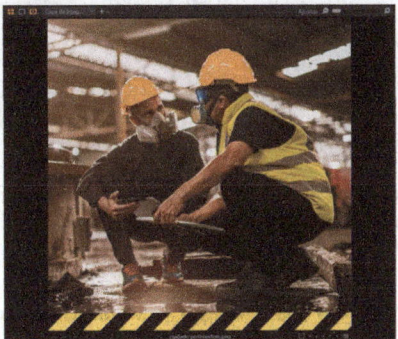

Este estilo es ideal para transmitir seguridad industrial con impacto visual.

Además, para lograr una buena narrativa fotográfica, es fundamental conocer y manejar el ángulo desde el que se realiza la toma. El ángulo elegido puede transformar completamente la percepción que el espectador tiene sobre un objeto o espacio fotografiado.

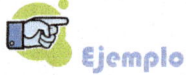
Ejemplo

Por ejemplo, un ángulo bajo puede otorgar sensación de poder o protagonismo a un producto, especialmente adecuado para artículos tecnológicos o industriales, mientras que un ángulo alto puede proporcionar una perspectiva más general, útil para mostrar ambientes, oficinas o establecimientos en los que se quiere destacar amplitud o comodidad.

La selección adecuada del fondo también influye significativamente en el relato visual que se desea construir. Utilizar fondos neutros, como blanco o gris claro, suele ser recomendable para fotografía comercial de productos porque evitan distracciones y centran la atención únicamente en lo importante. Sin embargo, en ciertos contextos, como fotografías de estilo de vida (*lifestyle*), incluir fondos que muestren ambientes o contextos relacionados con el producto puede ayudar a transmitir un mensaje más cercano y realista al consumidor.

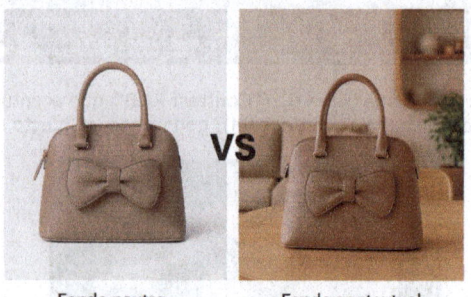

Fondo neutro   Fondo contextual

Fig. 18. Comparativa entre fondo neutro y fondo contextual: el primero resalta el producto eliminando distracciones, mientras el segundo aporta un entorno realista que refuerza el mensaje de estilo de vida

Asimismo, conocer los formatos de imagen y cómo aprovecharlos eficazmente es importante dentro del aprendizaje narrativo. Mientras que un formato horizontal o apaisado suele utilizarse para mostrar espacios amplios o escenas con múltiples elementos, un formato vertical puede ser idóneo para productos alargados, retratos empresariales o fotografías destinadas específicamente a redes sociales, donde el espacio visual es más limitado. Adaptar el formato según el destino final de la imagen mejora considerablemente la eficacia comunicativa.

La siguiente tabla indica diversos contextos empresariales o comerciales y el formato de imagen más adecuado para cada uno:

Contexto de la fotografía	Formato más indicado	Motivo principal
Fotografía de interiores (oficinas, tiendas, restaurantes).	Horizontal (apaisado).	Captar amplitud y detalles del espacio completo.
Producto pequeño o mediano para catálogo online.	Vertical o cuadrado.	Enfatizar detalles del producto en poco espacio visual.
Producto alargado (botellas, prendas largas, accesorios verticales).	Vertical.	Aprovechar el espacio y destacar proporciones naturales.
Paisajes o ubicaciones exteriores.	Horizontal.	Mostrar amplitud y panorámica completa de la escena.
Retratos empresariales o corporativos.	Vertical.	Centrar la atención en la persona, evitando distracciones.
Publicaciones en redes sociales (Instagram Stories, TikTok, Reels).	Vertical.	Adaptarse al formato estándar que exige visualización móvil.
Publicaciones generales en redes sociales (Facebook, LinkedIn, Twitter).	Cuadrado u horizontal.	Adaptarse mejor a visualización mixta móvil y escritorio.
Fotografía promocional estilo "*lifestyle*".	Horizontal o cuadrado.	Mostrar ambientes y personas en contextos naturales.
Fotografía para banners en *webs*.	Horizontal.	Ajustarse correctamente al formato típico de cabeceras *web*.
Fotografía de eventos corporativos o grupos grandes.	Horizontal.	Mostrar adecuadamente grupos y entornos.

 Anotación

Es aconsejable que los profesionales de la fotografía empresarial desarrollen una mirada crítica y analítica respecto a las imágenes, aprendiendo a seleccionar con precisión cuáles funcionan mejor en términos narrativos. Para ello, puede ser útil realizar una evaluación práctica periódica: mostrar varias fotografías a compañeros o potenciales clientes y comprobar cuáles comunican más rápidamente y con mayor efectividad el mensaje deseado. Este tipo de aprendizaje basado en la experiencia contribuye significativamente a que las decisiones fotográficas futuras sean más rápidas, acertadas y eficaces.

Resumen

En un entorno saturado de estímulos visuales, las imágenes bien seleccionadas y coherentes con los valores corporativos son determinantes para generar confianza y destacar frente a la competencia. Las empresas más reconocidas, como Apple, IKEA o Zara, han comprendido el poder de la fotografía y la utilizan para transmitir de forma visual su personalidad, su estilo y su propuesta de valor.

Una imagen bien construida puede contar una historia, provocar emociones y reforzar la percepción de marca. Para lograrlo, es fundamental dominar aspectos como la composición, el encuadre y la iluminación, adaptando cada imagen al canal en el que se publicará (*web*, redes sociales, material impreso). Además, debe prestarse atención a la edición: desde ajustes simples como la exposición o el contraste hasta el uso de *presets* para mantener coherencia visual.

En cuanto a los fundamentos de la producción fotográfica, toda sesión debe partir de una planificación clara que defina el objetivo visual. No se trata solo de hacer fotos, sino de comunicar algo específico: profesionalidad, cercanía, sostenibilidad o innovación. La elección del lugar, el equipo (cámara, lentes, luces) y el estilo visual debe alinearse con el mensaje. También es importante seleccionar cuidadosamente a las personas o elementos que aparecerán en la imagen y dirigirlos para que actúen con naturalidad.

La iluminación es uno de los elementos más determinantes en una fotografía empresarial de calidad. Dependiendo del objetivo, se pueden emplear luces suaves y difusas (para escenas acogedoras o naturales) o luces más duras y dirigidas (para destacar texturas y dar fuerza a los elementos visuales). Las técnicas de iluminación varían según el objeto: por ejemplo, en la fotografía de producto con fondo blanco se busca eliminar sombras para dar nitidez, mientras que en la fotografía de calzado es habitual mantener una sombra natural para conservar el realismo tridimensional. En fotografía de moda para *e-commerce* se utiliza la técnica del maniquí fantasma, que permite mostrar las prendas con volumen, sin presencia del modelo o soporte.

Dentro del aprendizaje de la narrativa fotográfica, se destacan recursos visuales como la regla de los tercios, la perspectiva, el uso del enfoque selectivo o la elección del ángulo de toma, que permiten dirigir la atención del espectador y transmitir un mensaje claro. Las decisiones visuales no son neutras: un fondo neutro resalta el producto, un ángulo bajo genera autoridad, y una iluminación cálida transmite cercanía.

El formato de imagen también influye en la comunicación. Las imágenes horizontales son ideales para mostrar espacios amplios o grupos, mientras que las verticales funcionan mejor en redes sociales y retratos. El formato cuadrado se adapta bien a Instagram y otras plataformas digitales. Elegir el formato adecuado en función del canal de difusión mejora la eficacia comunicativa.

Por último, una fotografía empresarial no puede improvisarse: debe estar bien pensada, técnicamente cuidada y estratégicamente alineada con la identidad visual de la empresa. Para lograrlo, es esencial desarrollar una mirada crítica que permita evaluar qué imágenes funcionan mejor, qué comunican con mayor claridad y cómo pueden integrarse de forma coherente en una estrategia de comunicación visual más amplia.

Glosario

Catálogo fotográfico

Colección organizada de imágenes que muestra productos o servicios. Es una herramienta clave en ventas, tanto en formato impreso como digital.

Composición

Es la forma en la que se organizan los elementos dentro de una imagen. Una buena composición guía la mirada del espectador hacia lo importante y ayuda a transmitir el mensaje de forma clara.

Edición eficiente

Proceso de mejorar una imagen con cambios mínimos pero efectivos, como ajustar brillo, contraste o color, sin perder naturalidad ni calidad.

Enfoque selectivo

Consiste en mantener nítido solo el sujeto principal mientras el fondo aparece desenfocado. Ayuda a centrar la atención en un punto específico de la imagen.

Fondo blanco puro

Técnica utilizada para destacar objetos sobre un fondo completamente blanco, especialmente útil en catálogos o *e-commerce*. Requiere controlar bien la iluminación para evitar sombras grises.

Formato cuadrado

Proporción simétrica muy usada en redes sociales como Instagram. Se adapta bien a pantallas móviles y permite composiciones centradas y equilibradas.

Formato horizontal

También llamado apaisado, se utiliza para mostrar espacios amplios o escenas con varios elementos. Es muy común en páginas web y fotografía de eventos.

Formato vertical

Orientación fotográfica en la que la altura es mayor que el ancho. Es ideal para retratos, productos alargados y contenidos para redes sociales móviles.

Fotografía corporativa

Imágenes que muestran al personal, las instalaciones o el entorno de trabajo de una empresa. Sirven para proyectar profesionalidad, confianza y cercanía.

Iluminación difusa

Tipo de luz suave que minimiza las sombras y resalta los detalles sin generar contrastes bruscos. Se logra usando *softboxes*, paraguas traslúcidos o cajas de luz, y es ideal para productos, retratos y ropa.

Imagen corporativa

Es la percepción visual que el público tiene de una empresa. La fotografía juega un papel fundamental para reforzar esa imagen y generar confianza.

Lightbox (caja de luz)

Pequeño estudio portátil con paredes traslúcidas que permite una iluminación suave y envolvente. Ideal para objetos pequeños como joyas, comida o accesorios.

Luz de relleno

Es una fuente de luz secundaria que suaviza las sombras generadas por la luz principal. Se usa para equilibrar la iluminación sin eliminar el volumen de los objetos.

Maniquí fantasma

Método de fotografía de moda que permite mostrar prendas con volumen sin que se vea el maniquí. Se realiza combinando varias fotos y editándolas digitalmente.

Narrativa fotográfica

Es la capacidad de una imagen para transmitir un mensaje o contar una historia. Se construye a través de la composición, la luz, el color, el encuadre y el contexto.

Presets

Ajustes predefinidos que se aplican a las imágenes en programas como Lightroom. Facilitan mantener una estética coherente y ahorran tiempo durante la edición.

Regla de los tercios

Principio de composición que divide la imagen en nueve partes iguales. Situar los elementos clave en los puntos de intersección mejora la armonía y el impacto visual.

Softbox

Accesorio que se coloca sobre una fuente de luz (como un *flash* o LED) para suavizar su intensidad. Es esencial para lograr una iluminación profesional y sin sombras duras.

Storytelling visual

Técnica que usa imágenes para contar historias que conecten emocionalmente con el espectador. Muy eficaz para campañas que buscan mostrar procesos, valores o emociones.

Temperatura de color

Se refiere al tono de la luz, que puede ser cálido (amarillo-anaranjado) o frío (azulado). Afecta directamente a la percepción emocional de la imagen.

Ejercicios de autoevaluación

1. **¿Cuál es uno de los principales objetivos de la fotografía digital en el entorno empresarial?**

   a. Mejorar la calidad del producto final.

   b. Aumentar el número de trabajadores.

   c. Reflejar los valores y características de la marca.

   d. Diseñar catálogos impresos.

2. **¿Qué puede provocar el uso de imágenes poco profesionales en una empresa?**

   a. *Mayor engagement* en redes sociales.

   b. Mayor tráfico web.

   c. Confianza automática en el cliente.

   d. Rechazo o desconfianza.

3. **¿Qué aporta una fotografía cuidada y coherente con la marca?**

   a. Aumenta el precio de los productos.

   b. Facilita una percepción positiva.

   c. Sustituye al *marketing* tradicional.

   d. Elimina la necesidad de comunicación visual.

4. **¿Qué tipo de fotografía se utiliza principalmente para mostrar oficinas, trabajadores o procesos internos?**

   a. Fotografía de producto.

   b. Fotografía de eventos.

   c. Fotografía corporativa.

   d. Fotografía editorial.

5. ¿Por qué es importante adaptar el estilo fotográfico a los valores de la empresa?

a. Para obtener mejores resultados técnicos.

b. Para facilitar la edición posterior.

c. Para reflejar con coherencia la identidad visual.

d. Para cumplir con la normativa ISO.

6. ¿Qué programa es mencionado como uno de los más usados para edición profesional en fotografía digital?

a. Excel.

b. Lightroom.

c. Audacity.

d. Illustrator.

7. ¿Cuál de las siguientes afirmaciones define correctamente un *preset*?

a. Un tipo de cámara automática.

b. Un formato de imagen para redes sociales.

c. Un ajuste preestablecido que se aplica a múltiples fotos.

d. Un tipo de trípode para sesiones móviles.

8. ¿Qué ventaja aporta el uso de *presets* en edición fotográfica?

a. Mejora la resolución de las cámaras.

b. Garantiza un estilo uniforme en las imágenes.

c. Permite cambiar el enfoque automáticamente.

d. Genera imágenes en 3D.

9. **¿Qué caracteriza a la fotografía publicitaria?**

   a. Tiene fines educativos.

   b. Documenta procesos internos.

   c. Busca generar interés y aumentar ventas.

   d. Se utiliza solo en prensa escrita.

10. **¿Cuál de las siguientes redes sociales requiere especialmente un formato visual vertical para sus publicaciones?**

    a. TikTok.

    b. LinkedIn.

    c. Facebook.

    d. Twitter.

Aplicaciones prácticas

Aplicación práctica 1. Estilo visual

Módulo 1. Fotografía digital y empresa

La empresa Lúmenel, dedicada a productos artesanales y sostenibles inspirados en la naturaleza (velas, jabones, aceites), quiere renovar su identidad visual en redes sociales. Buscan reflejar una estética limpia, mística y coherente con sus valores: armonía, calma y origen natural.

Imagina que debes planificar y realizar una sesión fotográfica corporativa para esta empresa. Para ello, tienes que definir el mensaje visual de la marca (colores suaves, luz natural, fondo neutro). Elabora un porfolio con una breve justificación del estilo visual elegido.

Aplicación práctica 2. Diseño de imágenes optimizadas

Módulo 1. Fotografía digital y empresa

La academia Eledrína Formación, especializada en cursos digitales con enfoque creativo (diseño, escritura, edición multimedia), va a lanzar una campaña en TikTok e Instagram para captar a nuevos alumnos jóvenes. Necesitan imágenes visuales que comuniquen cercanía, inspiración y tecnología.

Como responsable visual tienes que diseñar 3 imágenes adaptadas a stories y reels. Para ello, debes:

- Utilizar formato vertical, luz natural o suave, mensajes en tipografía limpia.
- Cuidar la composición visual para transmitir modernidad y tecnología digital (puedes incluir detalles visuales inspirados en la estética digital: dispositivos electrónicos, luz, color azul).
- Aplicar edición básica y coherente para toda la serie.

Elabora un documento con los pasos llevados a cabo para su diseño y adjunta las 3 imágenes con el resultado final.

Aplicación práctica 3. Optimización de fotografías

Módulo 1. Fotografía digital y empresa

La marca Elennar Cosmetics te pide opinión profesional sobre su última serie de fotos para redes sociales, y observas lo siguiente:

- Las imágenes tienen luz dura con sombras marcadas.
- Hay encuadres muy cercanos y algunas partes de los productos quedan cortadas.
- El fondo tiene elementos decorativos que distraen.
- No hay coherencia en los colores ni en la edición.

Teniendo en cuenta esta información, responde las siguientes cuestiones:

1. ¿Qué tipo de iluminación sería más adecuada para resaltar la suavidad de los productos cosméticos? ¿Por qué?
2. ¿Qué cambios harías en la composición para evitar cortes y mejorar el enfoque del producto?
3. ¿Qué importancia tiene el fondo en una imagen de marca? ¿Qué elementos sugerirías eliminar o modificar?
4. ¿Por qué es importante mantener un estilo visual coherente en todas las imágenes?
5. ¿Cómo aplicarías estos ajustes en una nueva sesión?

Aplicación práctica 4. Selección de formatos

Módulo 1. Fotografía digital y empresa

La agencia Tirith Design Studio te encarga seleccionar el formato fotográfico más adecuado para tres tipos de contenido distintos que deben publicar esta semana. Cada imagen tiene un objetivo específico.

Responde a las cuestiones que se plantean para cada una en función de dicho objetivo.

1. Imagen para el perfil de empresa en LinkedIn:
   - ¿Qué formato es más apropiado (horizontal, vertical, cuadrado)?
   - ¿Qué valores de la marca deberían reflejarse en la imagen?
2. Serie de imágenes de productos exclusivos para un carrusel de Instagram:
   - ¿Qué formato y tipo de composición usarías?
   - ¿De qué forma mantendrías coherencia entre las imágenes?
3. Imágenes de promoción para un story de TikTok:
   - ¿Qué orientación debe tener?
   - ¿Qué tipo de iluminación y estilo editorial sería el más eficaz para captar la atención en pocos segundos?

Aplicación práctica 5. Análisis de una narrativa visual

Módulo 1. Fotografía digital y empresa

Nimriël Eventos publica un pequeño reportaje de 5 imágenes en su web. Se trata de una historia visual que pretende transmitir cómo organizan una boda ecológica en un entorno rural. Las imágenes son:

- La llegada de los novios en un coche eléctrico decorado.
- Una mesa rústica con decoración vegetal y velas.
- Un retrato del equipo preparando detalles.
- Un plano general del lugar al atardecer.
- Detalles de los anillos y los menús reciclados.

Teniendo en cuenta esta información, responde las siguientes cuestiones:

- ¿Crees que el orden de las imágenes es adecuado para construir una narrativa visual? ¿Qué cambiarías?
- ¿Qué emociones o valores transmite cada fotografía?
- ¿Qué papel tiene la iluminación en la última imagen? ¿Qué tipo de luz parece haberse utilizado?
- ¿Cómo se relacionan los elementos de estilo y composición con la marca Nimriël?
- ¿Qué foto elegirías como imagen principal para una campaña y por qué?

Aplicación práctica 6. Diagnóstico y propuesta de estrategia visual y fotográfica

Módulo 1. Fotografía digital y empresa

Aerendyl Home Studio es una marca emergente que vende velas artesanas, textiles de lino, cerámica decorativa y otros objetos para el hogar. Su fuerte está en el producto físico: la calidad es muy alta, los acabados son finos, y cuidan la sostenibilidad en todos los procesos. Sin embargo, sus ventas online no terminan de despegar.

En una asesoría, el equipo te comparte su preocupación: *"Creemos que el problema está en cómo se nos ve. Las fotos de producto no nos representan. Nos dicen que no transmiten emociones, que no generan confianza."*

Al revisar su web y redes sociales observas lo siguiente:

- Las imágenes son planas, muchas con flash directo.
- En algunas fotos el encuadre es torcido o el fondo está desordenado.
- Los colores están mal ajustados: hay velas blancas que parecen amarillas o grises.
- En Instagram mezclan selfies personales con productos sin una línea clara.
- En las fichas de producto, algunas imágenes están pixeladas o en tamaños inconsistentes.
- Falta una narrativa visual: no se entiende bien qué estilo de vida propone la marca.
- El equipo te pregunta: "¿Qué podríamos hacer diferente para que nuestras imágenes transmitan realmente lo que somos?"

A partir de esta información, redacta una reflexión razonada respondiendo a las siguientes cuestiones:

1. ¿Qué problemas visuales detectas en la estrategia actual de Aerendyl Home Studio? Clasifícalos según tres niveles: técnicos, estéticos y narrativos.

2. ¿Por qué consideras que una mala estrategia de fotografía puede afectar a la percepción de la marca y, en consecuencia, a las ventas?

3. Imagina que eres parte del equipo visual de la empresa. ¿Qué tres acciones concretas llevarías a cabo para mejorar su imagen digital en los próximos dos meses? Justifica tus decisiones.

4. ¿Cómo definirías el estilo fotográfico ideal para Aerendyl Home Studio teniendo en cuenta su producto, público y valores? Describe el tipo de luz, los colores predominantes, la composición y el formato más apropiado.

5. ¿Qué tipo de imágenes podrían reforzar la conexión emocional con el público objetivo? Pon ejemplos específicos.

Ejercicio de evaluación final

1. **¿Cuál es el objetivo principal de la fotografía digital en el ámbito empresarial?**

   a. Decorar oficinas y escaparates.

   b. Transmitir valores y reforzar la identidad de marca.

   c. Aumentar la velocidad de la página web.

   d. Reemplazar al texto corporativo.

2. **¿Qué puede causar una imagen mal seleccionada para una campaña empresarial?**

   a. Aumento de visitas web.

   b. Mejor posicionamiento en Google.

   c. Rechazo o confusión en el cliente.

   d. Mayor creatividad.

3. **¿Qué tipo de fotografía busca mostrar el ambiente interno de una empresa y su equipo humano?**

   a. Fotografía de producto.

   b. Fotografía editorial.

   c. Fotografía corporativa.

   d. Fotografía documental.

4. **¿Qué recurso mejora la coherencia estética entre múltiples imágenes en una empresa?**

   a. El formato RAW.

   b. El *flash* automático.

   c. Los *presets*.

   d. El balance de blancos.

5. ¿Cuál es el primer paso para preparar una sesión fotográfica profesional?

    a. Aplicar un filtro visual.

    b. Comprar equipo de alta gama.

    c. Definir el mensaje que se quiere transmitir.

    d. Hacer fotos de prueba.

6. ¿Qué función tiene el uso de luz de relleno en fotografía comercial?

    a. Generar sombra dura.

    b. Suavizar las sombras principales.

    c. Cambiar el color del fondo.

    d. Crear desenfoque.

7. ¿Cuál es el propósito del maniquí fantasma en e-commerce?

    a. Aumentar el peso de la imagen.

    b. Mostrar la prenda con volumen sin que se vea el soporte.

    c. Destacar el fondo de la fotografía.

    d. Sustituir la edición digital.

8. ¿Qué ángulo fotográfico otorga protagonismo a un objeto o persona?

    a. Ángulo cenital.

    b. Ángulo alto.

    c. Ángulo bajo.

    d. Ángulo neutro.

9. ¿Qué técnica consiste en desenfocar el fondo para destacar un elemento?

    a. Recorte digital.

    b. Enfoque selectivo.

    c. Luz envolvente.

    d. Perspectiva central.

10.¿Cuál es la ventaja principal de disparar en formato RAW?

a. Elimina automáticamente las sombras.

b. Facilita la edición sin pérdida de calidad.

c. Aumenta la velocidad de disparo.

d. Reduce el peso del archivo.

11.¿Qué se recomienda hacer para lograr un fondo blanco puro en fotografía de producto?

a. Usar filtros de Instagram.

b. Iluminar más el fondo que el objeto.

c. Pintar el fondo en edición.

d. Desenfocar todo el fondo.

12.¿Cuál es la ventaja de usar *softboxes* en fotografía empresarial?

a. Aumentan el contraste.

b. Producen luz suave y uniforme.

c. Añaden nitidez automáticamente.

d. Crean efectos digitales.

13.¿Qué caracteriza a la fotografía publicitaria?

a. Documentar eventos internos.

b. Mostrar el producto de forma neutra.

c. Persuadir y generar deseo de compra.

d. Sustituir textos legales.

14.¿Cuál de estos errores afecta negativamente a la identidad visual de una empresa?

a. Reutilizar imágenes.

b. Iluminar con luz lateral.

c. Inconsistencia entre estilos fotográficos.

d. Usar fondos neutros.

15.¿Qué herramienta facilita capturar objetos pequeños con iluminación controlada?

a. Teleobjetivo.

b. Trípode de suelo.

c. Caja de luz.

d. Foco cenital.

16.¿Qué tipo de iluminación se recomienda para mostrar cercanía y naturalidad?

a. Luz directa con *flash*.

b. Luz dura sin difusores.

c. Luz difusa y cálida.

d. Luz posterior.

17.¿Qué ventaja tiene mostrar una sombra suave bajo un zapato en fotografía de catálogo?

a. Mejora el enfoque automático.

b. Da realismo y sensación de apoyo.

c. Aumenta el contraste.

d. Elimina la necesidad de edición.

18. ¿Qué composición se recomienda para captar la atención de forma equilibrada?

    a. Centrar todo el contenido.

    b. Usar la regla de los tercios.

    c. Colocar elementos al azar.

    d. Apilar productos verticalmente.

19. ¿Qué tipo de imagen es más adecuada para Instagram Stories?

    a. Horizontal panorámica.

    b. Imagen en blanco y negro.

    c. Vertical, dinámica y clara.

    d. Cuadrada con fondo blanco.

20. ¿Qué permite el *storytelling* visual en fotografía empresarial?

    a. Mostrar gráficos de ventas.

    b. Contar historias que conecten emocionalmente.

    c. Mejorar la resolución de las imágenes.

    d. Reducir el tiempo de edición.

Solucionario

Módulo 1. Fotografía digital y empresa

1. c	**6.** b
2. d	**7.** c
3. b	**8.** b
4. c	**9.** c
5. c	**10.** a

Bibliografía

Webgrafía

9 consejos: Cómo fotografiar ropa en un maniquí fantasma
https://es.photorobot.com/tutorials/photograph-clothing-on-a-ghost-mannequin

Cómo los efectos de los maniquíes fantasma cambian las reglas del juego en el sector de la indumentaria
https://es.perfectretouching.com/blog/how-ghost-mannequin-effects-changes-game-for-apparel-business

Consejos y trucos para fotografiar zapatos como un profesional
https://www.blogdelfotografo.com/fotografiar-zapatos

Fondo blanco [descargas, consejos y tutorial para lograr fotos con fondos blancos]
https://www.blogdelfotografo.com/fondos-blancos

Fotografía de marca: Técnicas fotográficas para elevar la imagen de tu marca
https://fastercapital.com/es/contenido/Fotografia-de-marca--Tecnicas-fotograficas--Tecnicas-fotograficas-para-elevar-la-imagen-de-tu-marca.html

Fotografía digital
https://concepto.de/fotografia-digital

Opciones de sombras para imágenes de zapatos
https://www.pixelz.com/blog/opciones-de-sombras-para-imagenes-de-zapatos-es

Utiliza la fotografía de la caja de luz para mejorar el aspecto de las imágenes de tus productos. Crear tu sitio web
https://es.strikingly.com/content/blog/Utiliza-la-fotografia-de-la-caja-de-luz-para-mejorar-el-aspecto-de-las-imagenes-de-tus-productos-Crear-tu-sitio-web

Visualmente impactante: Fotografía para branding

https://korebranding.es/visualmente-impactante-fotografia-para-branding